ARMOIRIES

DES MAISONS ALLIÉES

A LA MAISON DE BASTARD.

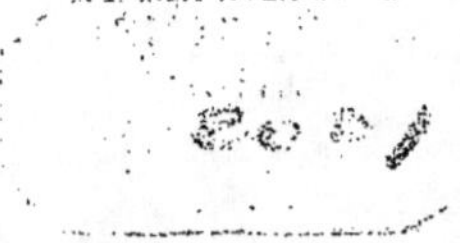

ARMOIRIES

DES MAISONS ALLIÉES

A LA MAISON DE BASTARD,

ORIGINAIRE DU COMTÉ NANTAIS,

EXISTANT ENCORE

EN GUIENNE, AU MAINE, EN BRETAGNE.
ET EN DEVONSHIRE.

PARIS,

IMPRIMERIE SCHNEIDER, RUE D'ERFURTH, 1,

PRÈS L'ABBAYE.

M DCCC XLVII

Cet Armorial est extrait de la Généalogie de la Maison de Bastard.

(Paris, Schneider, in-8°, 1847.)

On a eu soin d'indiquer au-dessus de chaque écu la date de l'alliance, et la page de la généalogie
qui s'y réfère.

ARMOIRIES

DES MAISONS ALLIÉES

A LA MAISON DE BASTARD.

On a pensé qu'il était utile de joindre à ce recueil (en les distinguant par un astérisque) les armoiries des maisons alliées des familles homonymes rappelées dans la généalogie.

D'AIGNAN D'ORBESSAN.
Armagnac et Languedoc.
13 novembre 1677. P. 101.

D'azur, à un lion d'argent; au chef de gueules chargé de trois croissants d'argent. — *Alias* d'or, à un lion de gueules; au chef d'azur, chargé de trois croissants d'argent.

ALLARD DE BOIS-IMBERT.
Poitou.
Avant 1553. P. 242.

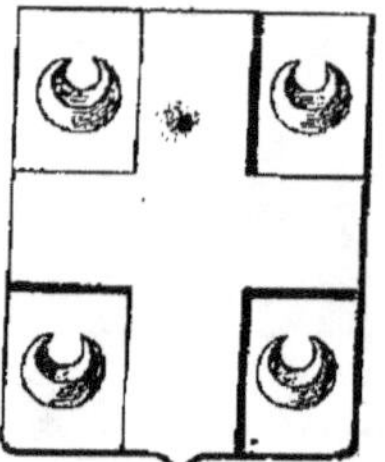

D'azur, à la croix d'argent, cantonnée de quatre croissants de même.

ALLEAUME.
Berri.
Ap. 1481. P. 143.

Éc. : 1, d'argent à la croix potencée et contrepot. d'or, cant. de 4 crois. de même, qui est BOUILLON de Jérusalem : 2, d'az. à un massacre de cerf d'or, surmonté d'une fleur de lis de même (*alias* un mufle de lion en abîme), qui est COMPAING; au 3, d'or, au chevr. de gueules, accomp. de 3 coquil. de sable, et chargé en abîme d'une tête de nègre; 4, d'az. à la fleur de lis d'or; mi-p. : d'or, à l'aigle de gu., le vol abaissé qui est BASTARD-SOULANGIS; sur le tout d'az. aux 3 coqs d'or, qui est ALLEAUME.

D'ALOIGNY.
Poitou.
Vers 1515-20. P. 239.

Écartelé : aux 1 et 4, gironné d'argent et de sable, qui est LE ROUX DES AUBIERS; aux 2 et 3, de gueules, au lion d'hermines, armé, lampassé et couronné d'or, qui est D'AUBIGNÉ; sur le tout, de gueules, à cinq fleurs de lis d'argent (*alias* trois) posées en sautoir, qui est d'ALOIGNY

D'ANDRÉ D'ESCALQUENS.
Languedoc.
Avant 1701. P. 101.

D'or, à un sautoir de gueules; au chef d'azur chargé de trois étoiles d'or.

D'ANDRÉ DE LA FITTE.
Languedoc.
24 juillet 1654. P. 124.

Écartelé : aux 1 et 4, d'or, à un sautoir engrêlé de gueules; au chef d'azur chargé d'un croissant entre deux étoiles d'argent, qui est D'ANDRÉ; aux 2 et 3, d'azur, à un bâton noueux d'or mis en fasce, accompagné en chef de trois sautoirs alésés, aussi d'or, et en pointe d'une hure de sanglier de même, armée d'argent, qui est du MAY.

APAUPÉE.
Berri.
Vers 1320-5. P. 34.

Un écu chargé de trois pals
(*Émaux inconnus.*)

D'ARQUIER.
Lomagne et Languedoc.
Vers 1550. P. 59.

D'azur, au lion d'or.

D'ASPIS DE SAINT-CRICQ.
Armagnac.
24 novembre 1650. P. 59.

D'or, à un pin de sinople, à un
chef d'aspic, chargé d'un croissant
d'argent, accoté de deux étoiles
d'or.

(*Ce blason laisse quelque doute.*)

AT-LEY.
Angleterre.
Vers 1500. P. 415.

D'azur, à une quintefeuille d'hermines, à la bordure engrêlée d'or.

D'AUTERIVES DE CHÉNEVIÈRES.
Maine.
9 décembre 1710. P. 168.

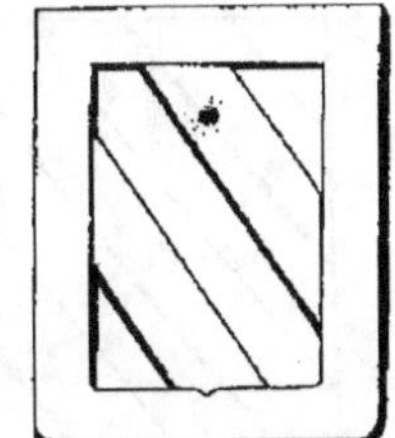

D'argent, à deux bandes d'azur,
à la bordure de gueules.

DE BAMPFILDE DE HADDINGTON-PARK.
Angleterre.
Vers 1660. P. 429.

D'or, à une bande de gueules,
chargée de trois molettes d'argent :
une main au point d'honneur de
l'écu, signe de baronnet. — Accolé
d'un écu : d'argent, au chevron engrêlé de gueules, accompagné de
trois faces de léopard d'azur, 2, 1,
qui est COPLESTON (1).

DU BAN DE SAINT-GERMAIN.
Berri.
Après 1555-45. P. 34.

D'azur, à la bande d'or, accompagnée d'un soleil en chef et d'un
cygne essorant d'argent en pointe.

DE BARAGNES.
Languedoc.
Vers 1650. Page 58.

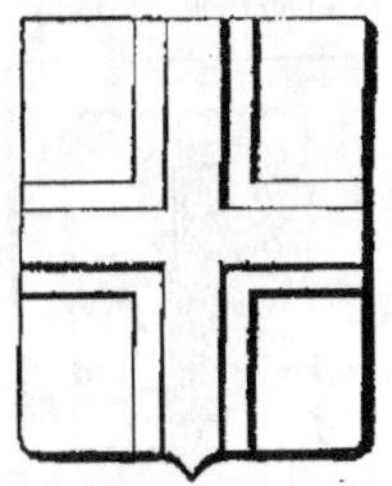

D'azur, à la croix d'or, chargée
d'une croix de sable.

DE BARAULT DE SESMAYNES.
Vers 1481-3. P. 259.
Poitou.

D'azur, à un écureuil rampant
d'argent, onglé de sable.

(1) Dans tout cet Armorial, quand deux écus sont accolés l'un à l'autre, le second indique les armes de la mère.

DE BARBANÇON DE LONGUEVILLE.
Flandre et Berri.
Vers 1556. P. 52.

D'or (*alias* d'argent), à trois lions de gueules, armés, lampassés et couronnés d'azur, 2 et 1.

BARDIN D'HERRY.
Nivernais et Poitou.
11 novembre 1491. P. 145.

De sinople, à trois dauphins d'argent, 2 et 1.

BARON *.
Poitou.
Vers 1599-1600. P. 231.

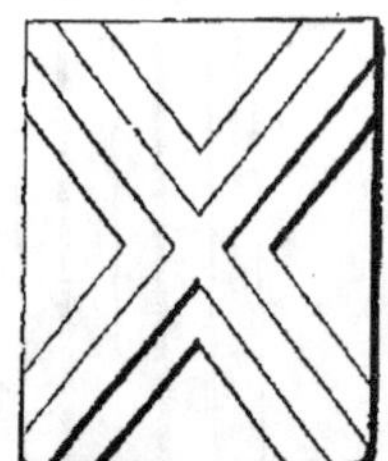

D'azur, à un sautoir à deux bâtons en croix de même.

BARON DE LA GALISSONNIÈRE.
Bretagne et Maine.
17 septembre 1776. P. 174.

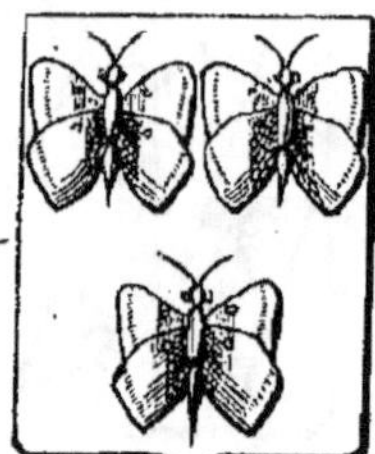

D'azur, à trois papillons d'or, 2 et 1.

DU BARRY DU COLOMÉ.
Armagnac.
15 août 1758. P. 67.

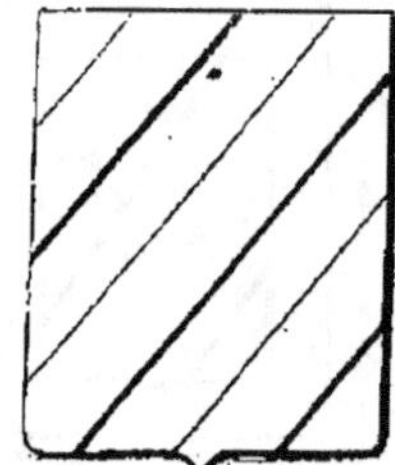

D'or, aux trois barres de gueules. — *Alias* d'argent, à trois barres d'azur; au chef d'or.

BASTARD-ANCIEN.
Comté Nantais.
Avant 1401. P. 8 et 9.

D'or, à l'aigle d'empire.

**BASTARD-ANCIEN
ET DE BASTARDIÈRE.** Comté Nantais.
Vers 1130-5. P. 11 et 580.

D'or, à l'aigle d'empire.
Et depuis 1214 : D'or, à l'aigle d'empire; mi-parti : d'azur, à la fleur de lis d'or.
(Ces armes sont encore aujourd'hui celles de la branche aînée de la maison de Bastard.)

BASTARD DE CROSSES.
Berri.
Vers 1495-1500. P. 15 et 218.

D'or, à l'aigle d'empire; mi-parti : d'azur, à la fleur de lis d'or; à la bordure engrêlée de gueules.

DE BASTARD DE FONTENAY.
Maine.
Vers 1650. P. 162 et 198.

D'or, à l'aigle d'empire; mi-parti : d'azur, à la fleur de lis d'or; au lambel de trois pendants d'argent.

DE BASTARD DE VIDALOT.
Armagnac.
10 juillet 1644. P. 63 et 121.

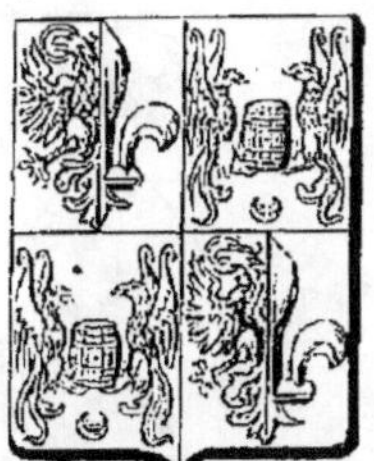

Écartelé : aux 1 et 4, d'or, à l'aigle d'empire; mi-parti : d'azur, à la fleur de lis d'or; aux 2 et 3, d'azur, à deux aigles affrontées et essorantes, et soutenant une tonne d'or cerclée de sable, accompagnée, en pointe, d'un croissant d'argent, qui est FAUVILLE, ou FOVILLE.

DE BASTARD DE VIDALOT.
Armagnac.
Vers 1656-7. P. 99 et 121.

Écartelé : aux 1 et 4, d'or, à l'aigle d'empire; mi-parti : d'azur, à la fleur de lis d'or; aux 2 et 3, d'azur, à deux aigles affrontées et essorantes, et soutenant une tonne d'or cerclée de sable, accompagnée, en pointe, d'un croissant d'argent, qui est FAUVILLE, ou FOVILLE.

DE BASTARD DE LA FITTE.
Languedoc.
12 octobre 1794. P. 112 et 130.

Écartelé : aux 1 et 4, d'or, à l'aigle d'empire; mi-parti : d'azur à la fleur de lis d'or; aux 2 et 3 d'azur, à deux aigles affrontées et essorantes, et soutenant une tonne d'or cerclée de sable, accompagnée, en pointe, d'un croissant d'argent, qui est FAUVILLE, ou FOVILLE.

DE BASTARD DE FUSSY.
Berri.
Vers 1460-70. P. 46 et 258.

D'or, à l'aigle d'empire; mi-parti : d'azur, à la fleur de lis d'or.

DE BASTARD DE SAINT-DENIS.
Agénois.
22 février 1682. P. 101 et 126.

D'or, à l'aigle d'empire; mi-parti : d'azur, à la fleur de lis d'or; à l'écusson d'hermines, au point d'honneur de la partition.

DE BASTARD DE BEAULAC.
Bretagne.
1er août 1775. P. 323 et 331.

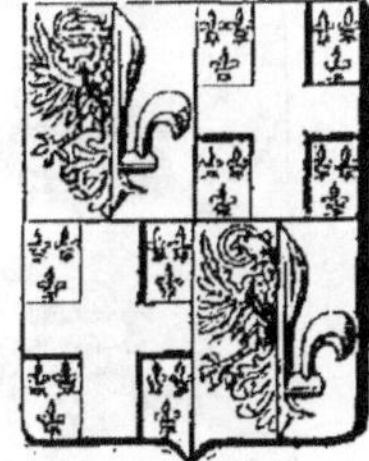

Écartelé : aux 1 et 4, d'or, à l'aigle d'empire; mi-parti : d'azur, à la fleur de lis d'or; aux 2 et 3 de sable, à la croix d'argent, cantonnée de douze fleurs de lis de même, qui est HU-DELOR-KERHOUET (1).

DE BASTIDE D'IZAR.
Languedoc.
Avant 1780. P. 470.

D'or, au corbeau de sable; au chef d'azur, chargé de trois étoiles d'argent.
(Ce blason laisse quelque doute.)

DE BEAUMONT.
Berri.
Vers 1340-50. P. 36.

De gueules, à l'aigle d'or; à l'orle de fers de lance d'argent.

DE BEAUSSÉ DE TERLAND.
Berri.
Vers 1384-90. P. 41.

D'argent, à un loup passant de gueules sur une terrasse de sinople, accompagné en chef de deux perroquets affrontés de même, becqués et membrés de gueules.

Les branches du Bosq, de la Cressonnière, d'Elforde, d'Estang, de Kitley et Sharpham, de Mesnour et Kerguiffinec, de la Paragère, de la Porte et Kerbiquet, de Soulangie et Herry, n'ayant fourni aucune alliance, ne peuvent figurer dans cet Armorial.

DE BECQUEY.
Champagne.
3 février 1722. P. 107.

D'azur, aux deux épées passées en sautoir, cantonnées en chef d'une étoile, à dextre et à sénestre de deux trèfles, et en pointe d'un croissant, le tout d'argent.

DE HELLOUAN.
Bretagne.
Vers 1450-60. P. 285.

De sable, à l'aigle éployée d'argent.

DE BERDOLLES DE GOUDOURVILLE.
Languedoc.
16 novembre 1751. P. 131.

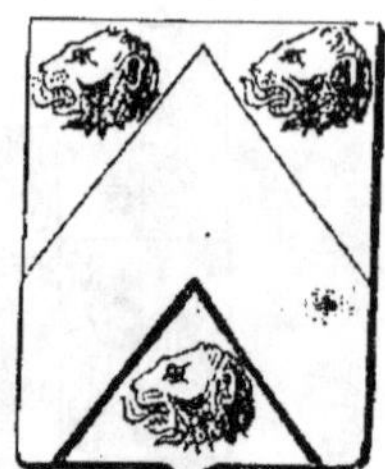

D'azur, au chevron d'argent, accompagné de trois têtes de lion lampassées de sable, deux en chef et une en pointe.

DE BERNARD *.
Anjou, Poitou et Bretagne.
Vers 1600. P. 256.

D'argent, à deux lions de sable, armés et lampassés de gueules, posés l'un sur l'autre. — *Alias* à deux léopards de sable, l'un sur l'autre.

BERRY *.
Poitou.
Avant 1500. P. 227.

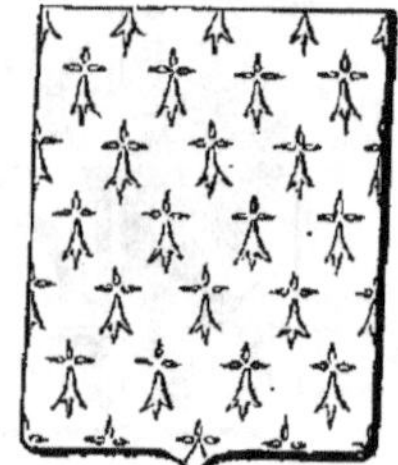

D'argent, semé d'hermines.

DE BESILLES DE WEST-ALLINGTON.
Angleterre.
Vers 1350-3. P. 408.

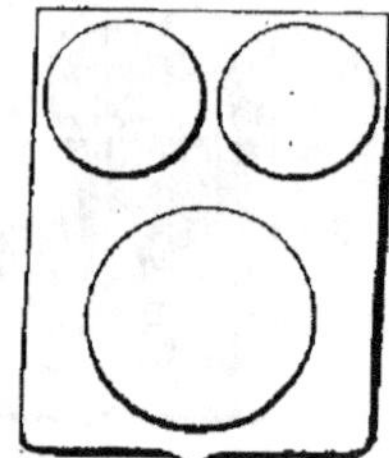

D'argent, à trois tourteaux de gueules, 2 et 1, celui d'en bas plus fort que les autres.

BESNARD.
Bretagne.
10 mai 1587. P. 309.

Inconnu.

BEUILLE.
Berri.
Vers 1450. P. 45.

D'argent, au chevron de sable, accompagné de trois perroquets de sinople, membrés et becqués de gueules, 2 et 1; au chef de gueules, chargé de trois béliers passants et accornés d'argent.

BIGOT DE LA MÉNARDIÈRE.
Poitou.
Vers 1565. P. 247.

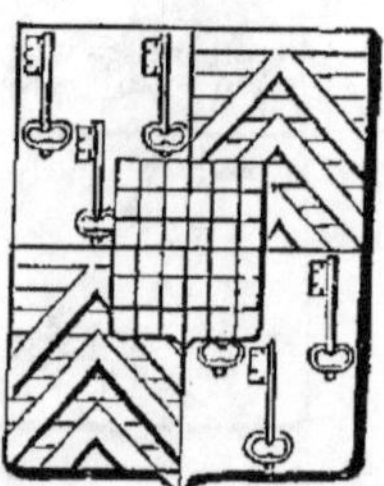

Écartelé : aux 1 et 4, de gueules, à trois clefs d'or, mises en pal, 2 et 1, qui est GATONON; aux 2 et 3, burelé d'argent et d'azur, à trois chevrons de gueules brochant sur le tout, le premier écimé, qui est DE LA ROCHEFOUCAULD; sur le tout, échiqueté d'argent (*alias* d'or) et de gueules, qui est BIGOT.

DE BIRÉ DE CORAU.
Comté Nantais.
En 1240. P. 15.

D'azur, à une branche de grenadier d'or en fasce, chargée de trois grenades de même, ouvertes, grenetées et couronnées de gueules, deux en chef, une en pointe.

BOUER *.
Poitou.
Vers 1520. P. 229.

D'azur, au lion d'or, au chef de gueules. — *Alias* d'or, au lion d'azur, au chef de gueules.

DU BOIS-GLÉ.
Bretagne.
Vers 1150. P. 267.

De gueules, à trois fleurs de lis d'argent, 2 et 1.

DE BOISGRÉHENEUFC.
Bretagne.
31 juillet 1782. P. 525.

D'argent, à l'aigle impériale de sable, membrée et becquée de gueules.

DE BOISJOURDAN.
Maine.
17 janvier 1629. P. 162.

D'or, semé de fleurs de lis d'azur, à trois losanges de gueules.

BOISNARD DE LA HANNETIÈRE.
Bretagne.
8 octobre 1720. P. 526.

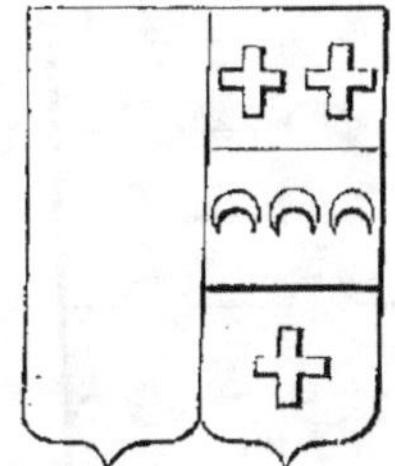

De. . . . . (inconnu). — Accolé d'un écu : d'argent, à la fasce de gueules, chargée de trois croissants d'or renversés, accompagnés de trois croisettes de même, qui est GAUTREAU.

DE BOISSERAND.
Berri et Nivernais.
Vers 1465-60. P. 142.

De sable, à la croix ancrée d'argent.

DE BON.
Armagnac et Languedoc.
18 janvier 1800. P. 141.

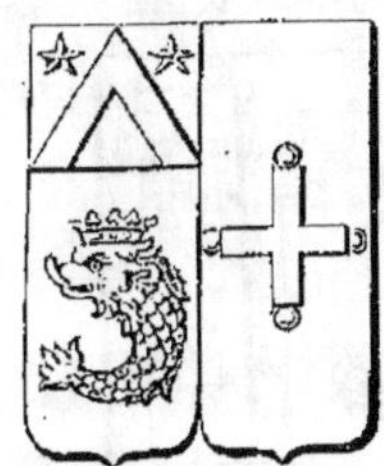

D'azur, au dauphin d'argent couronné ; au chef cousu de gueules, chargé d'un chevron, accompagné de deux étoiles d'argent. — Accolé d'un écu : de gueules, à une croix pommelée d'argent, qui est DE NOAILLAN DE LAMEZAN.

DE BONNECASE.
Armagnac.
Vers 1550-5. P. 54.

Inconnu.

DE LA BORDE.
Guienne, Béarn et Ile-de-France.
Vers 1580-5. P. 419.

D'azur, au chevron d'or, accompagné en chef de deux roses d'or, et en pointe d'une gerbe de blé, de même.

BOUER DE MASSUELLE
Berri et Poitou.
Vers 1409. P. 226.

De sinople, au sautoir d'argent, chargé de cinq fleurs de lis d'azur, cantonné de quatre têtes de bouc (*alias* de taureau) d'or.

BOUESSEL DE SAINT-BÉDAN.
Bretagne.
Vers 1510-15. P. 548.

Écartelé : aux 1 et 4, d'or, au chevron de gueules, accompagné de trois quintefeuilles de même, qui est LE GASCOING ; aux 2 et 3, d'argent, à trois chouettes de sable, becquées, membrées et allumées de gueules ; qui est UNVOY DE CLOSMADEUC. Sur le tout : d'argent, à trois boisseaux de sable, qui est BOUESSEL.

DE LA BOUEXIÈRE.
Bretagne.
Vers 1220. P. 45.

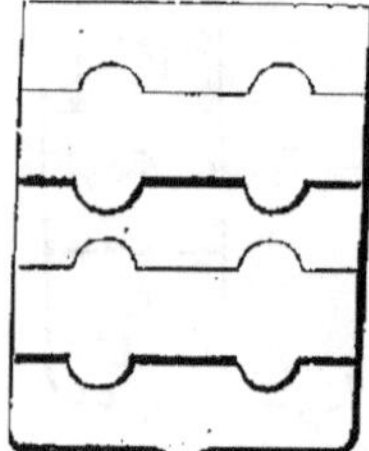

D'argent, à deux fasces nouées, à double nœud de gueules.

DE LA BOUEXIÈRE DU TERTRE.
Bretagne.
Avant le 9 mai 1529. P. 296.

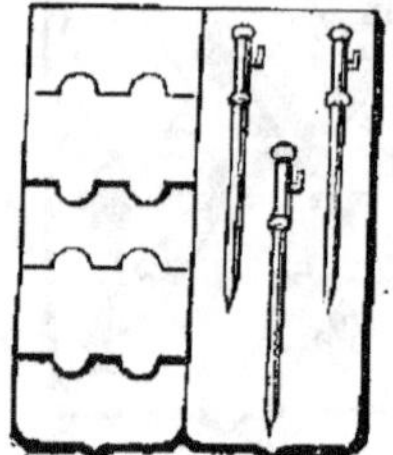

D'argent, à deux fasces, nouées à double nœud de gueules. — Accolé d'un écu : de gueules, à trois bourdons de pèlerin d'argent, posés en pal, 2 et 1, qui est de LA BOURDONNAYE.

DE BOULLEMER DE BRESTEAU.
Normandie et Perche.
4 octobre 1739. P. 17.

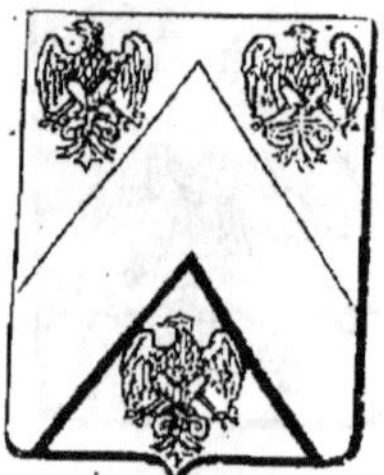

D'or, au chevron d'azur, accompagné de trois aigles de sable, le vol abaissé (*alias* éployé), deux en chef et une en pointe.

DE BOURGON.
Bretagne.
Vers 1450. P. 284.

De gueules, à trois écus ou écussons d'or, chargés chacun d'une bande d'azur (*alias* sans bande).

BOUTON DE LA BEAUGISSIÈRE.
Poitou.
Avant 1555. P. 242.

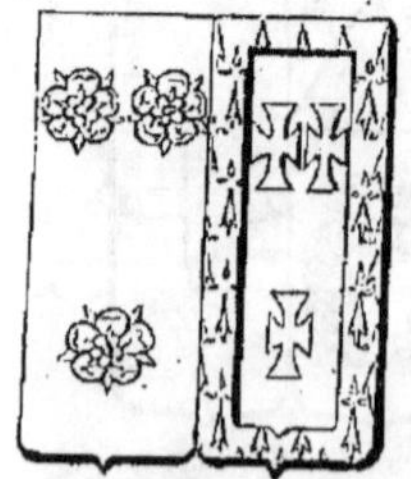

D'argent, à trois roses de gueules, boutonnées d'or, 2 et 1. — Accolé d'un écu : de gueules, à trois croix pacées d'argent, à la bordure d'hermines, qui est JOUSSEAUME, en Poitou (*alias*, en Bretagne, de gueules, aux trois croix patées d'hermines).

DE BRÉMONT DE BALANZAC.
Poitou.
26 septembre 1694. P. 249.

D'azur, à l'aigle éployée d'or. — *Alias* d'argent, à l'aigle de sable, becquée et membrée d'or.

BRIÇONNET.
Touraine et Berri.
Vers 1450. P. 216.

D'azur, à la bande componée d'or et de gueules de cinq pièces, chargée, au premier compon d'or, d'une étoile de gueules (*alias* le deuxième compon chargé d'une étoile d'or) et accompagné, au chef, d'une étoile d'or.

DE LA BRIFFE.
Armagnac, Ile-de-France et Champ.
Vers 1598-1600. P. 59.

D'argent, au lion rampant de gueules, à la bordure d'argent, chargée de six merlettes de sable, posées, trois en chef, une à chaque flanc, et l'autre en pointe.

BRISSET *.
Poitou et Anjou.
Avant 1554. P. 230.

D'argent, à trois trèfles de sinople.

BRISSET *.
Poitou et Anjou.
Vers 1595-8. P. 232.

D'argent, à trois trèfles de sinople.

BROMLEY.
Angleterre.
Vers 1628. P. 425.

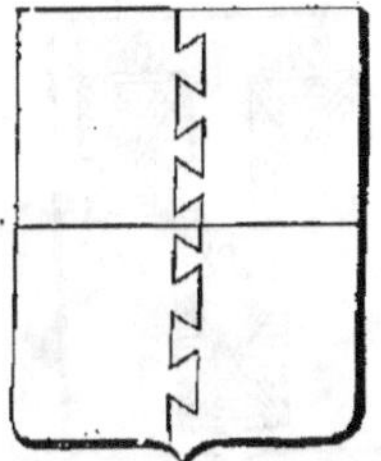

Écartelé, parti, en queue d'aronde, de gueules et d'or, l'un dans l'autre.

DE BROSSARD.
Anjou.
Octobre 1642. P. 193.

D'azur, aux trois fleurs de lis d'or, à la bande d'argent brochant sur le tout.

DE LA BRUNE .
Poitou.
4 novembre 1668. P. 235.

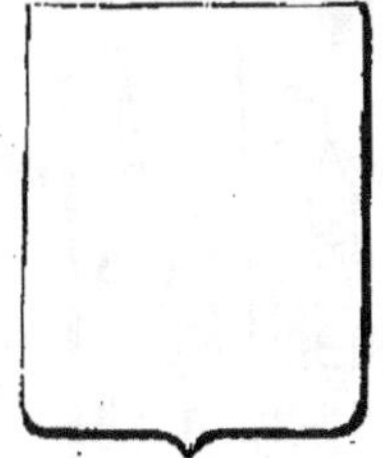

Inconnu.

DE BRUNET-PUJOLS-CASTELPERS-PANAT DE VILLENEUVE-LÉVIS.
Languedoc, 2 déc. 1782. P. 79.

Écartelé : au 1, d'or, à la levrette de gueules, colletée d'argent, à la bordure componée de seize compons d'argent et de sable, qui est DE BRUNET; au 2, de gueules, au sautoir d'or (*alias* d'argent, au sautoir de gueules), qui est DE PANAT; au 3, d'or, aux trois chevrons de sable, qui est DE LÉVIS; au 4, d'argent, à la tour de sable, sommée de trois donjons (*alias* d'azur, au château de trois tours d'argent), qui est DE CASTELPERS.

DE BRUNET-PUJOLS-CASTELPERS-PANAT DE VILLENEUVE-LÉVIS.
Languedoc, 31 déc. 1817 P. 86

Écartelé : au 1, d'or, à la levrette de gueules, colletée d'argent, à la bordure componée de seize compons d'argent et de sable, qui est DE BRUNET; au 2, de gueules, au sautoir d'or (*alias* d'argent, au sautoir de gueules), qui est DE PANAT; au 3, d'or, aux trois chevrons de sable, qui est DE LÉVIS; au 4, d'argent, à la tour de sable, sommée de trois donjons (*alias* d'azur, au château de trois tours d'argent), qui est DE CASTELPERS.

DU BUTAY (OU BUTET).
Anjou.
Vers 1425. P. 20.

D'or, au pin arraché de gueules,
chargé de fruits de même.
(Ce blason laisse quelque doute.)

DE CAHUSAC.
Armagnac.
Vers 1575. P. 119.

D'azur, au chef de gueules, chargé
de trois lions d'or, armés et lampassés de même.

DE CAIGNON.
Maine et Perche.
Vers 1608. P. 195.

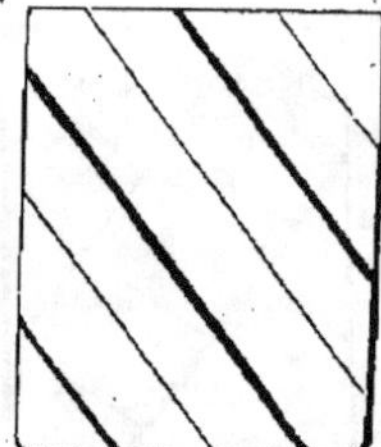

D'azur, à trois bandes d'or.

DE CAMBRAY.
Berri.
Vers 1590. P. 225.

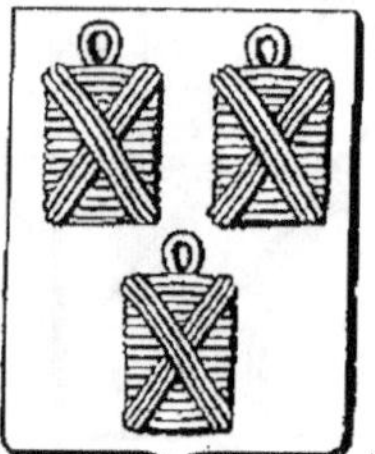

De gueules, à trois cérots (ou
pains de bougie) d'or, 2 et 1.

DE CAMBRAY.
Berri.
Vers 1445-50. P. 152.

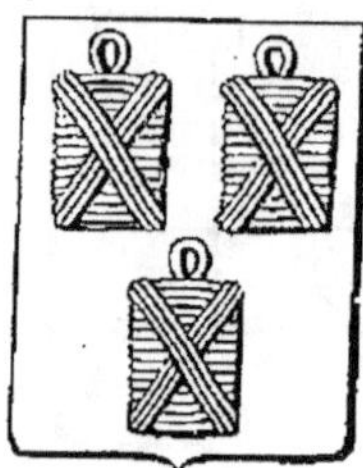

De gueules, à trois cérots (ou
pains de bougie) d'or, 2 et 1.

DE CAMPAN DE SARRUS.
Armagnac.
10 janvier 1535. P. 55.

De gueules, à trois cloches d'or,
les battants de sable, posées 2 et 1.

CAOUEN.
Bretagne.
Avant 1655. P. 354.

Inconnu.

CARY.
Angleterre.
Vers 1410-15. P. 410.

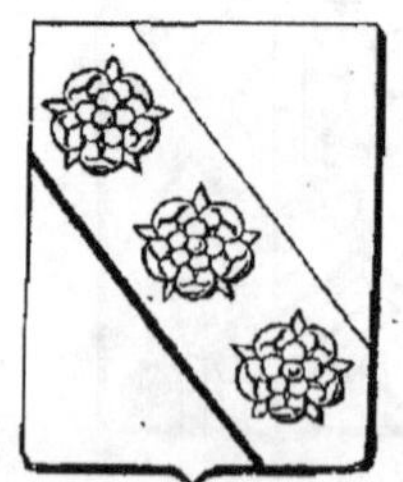

D'argent, à la bande de sable,
chargée de trois roses d'argent.

DE LA CASE.
Quercy.
19 octobre 1678. P. 64.

D'azur, à un château d'argent,
pavillonné et girouetté d'or, maçonné de sable, ouvert et ajouré de
même. — Accolé d'un écu : d'azur,
à la tour d'argent, donjonnée à sénestre d'une petite tour surmontée
d'une flèche, qui est DOMINGON.

DE CASTAING DU MIRAIL.
Armagnac.
11 mai 1746. P. 107.

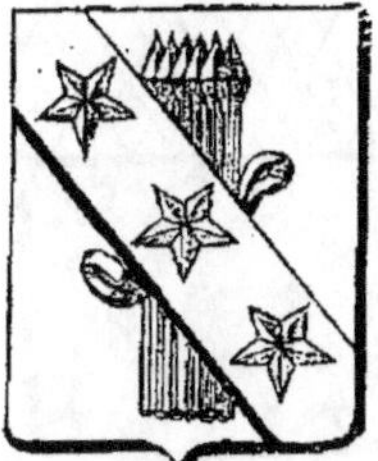

D'or, à un faisceau de lances de gueules ; une bande d'azur, chargée de trois étoiles d'argent, posée sur le faisceau.

DE CATELLAN DE CAUMONT.
Toscane et Languedoc.
24 septembre 1745. P. 75.

D'argent, au lévrier rampant de sable, accolé et annelé d'or ; au chef de gueules, chargé de trois mo'ettes d'éperon d'or.

DE CATTIEY.
Perche.
Avant 1669. P. 205.

D'azur, à six rouets d'arbalète (*alias* à six noix d'arbalète) d'argent, percés de sable, posés 3, 2 et 1.

DE CHABOT.
Poitou et Anjou.
Avant le 25 juillet 1516. P. 154.

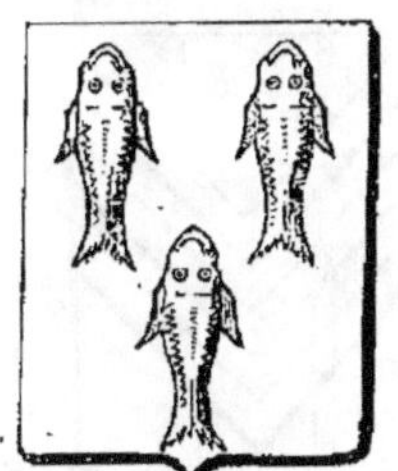

D'or, à trois chabots de gueules (*alias* au lambel de même).

CHALMEL DES MOULINS.
Normandie.
1er février 1779. P. 209.

De................ (inconnu). — Accolé d'un écu : d'azur, à l'agneau pascal d'argent. — *Alias* d'azur, à l'*Agnus Dei* d'or, à la croix d'argent, à la banderole de même, chargée d'une croix de gueules, qui est DE BAUSSEN, ou DE BAUSSANS.

DE CHAMPLAIS.
Maine.
17 juillet 1736. P. 199.

Écartelé : aux 1 et 4, d'azur, à trois roses d'argent, 2 et 1 ; au chef d'or, chargé de trois roses de gueules, qui est DE LUXEUIL ; aux 2 et 3, d'argent, aux trois aiglettes au vol abaissé, de gueules, becquées et membrées d'azur, qui est D'ANDIGNÉ ; sur le tout, d'argent, à trois fasces de gueules, surmonté de trois aigles éployées de sable, qui est DE CHAMPLAIS-CORNEILLES.

CHANSON *.
Poitou.
1625-30. P. 234.

Inconnu.

CHARGÉ *.
Poitou.
Avant 1576. P. 251.

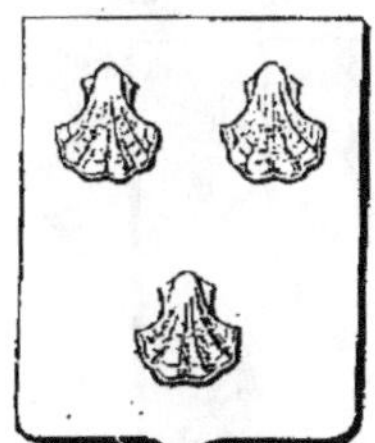

D'azur, à trois coquilles d'argent, posées 2 et 1.

DE CHASTEIGNIER.
Poitou.
De 1529 à 1550. P. 240.

D'or, au lion posé, ou arrêté, de sinople, lampassé et armé de gueules.

CHAUVEAU DE KERNAÉRET.
Bretagne.
28 mars 1822. P. 366.

D'azur, au léopard d'or; au chef d'argent, chargé de trois étoiles de gueules. — Accolé d'un écu, échiqueté d'or et de gueules; au canton fascé d'argent et de gueules de six pièces, qui est DE TRÉDERN.

DE CHAUVIGNY DE BLOT.
Berri.
Vers 1490. P. 46.

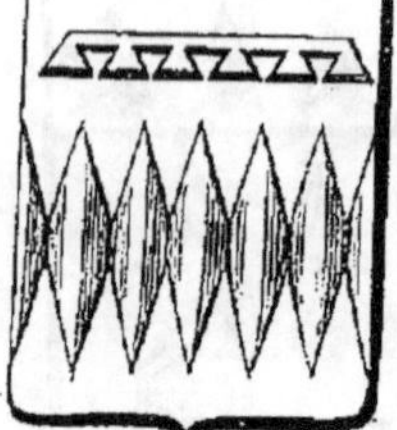

D'argent, à cinq fuselées et deux demies de gueules; au lambel de sable de six pendants.

CHENU DE SAINT-PHILIBERT.
Bretagne et Poitou.
6 août 1650. P. 253.

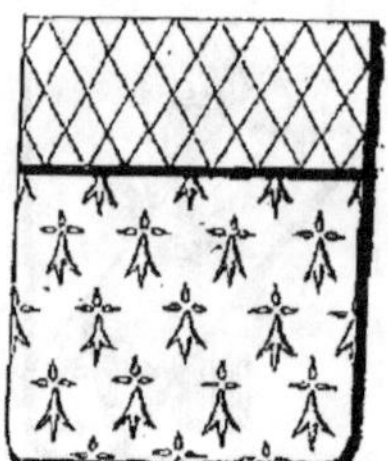

D'hermines; au chef losangé d'or et de gueules. — *Alias* de deux traits, ce qui réduit le nombre des losanges.

DE CHÉVERNES.
Poitou.
Vers 1490. P. 238.

De gueules, à trois têtes de chêne d'argent, arrachées et posées 2 et 1.

CHOLLET DE LA BIRAUDIÈRE *.
Bretagne, Normandie, Picardie.
Avant 1627-8. P. 282.

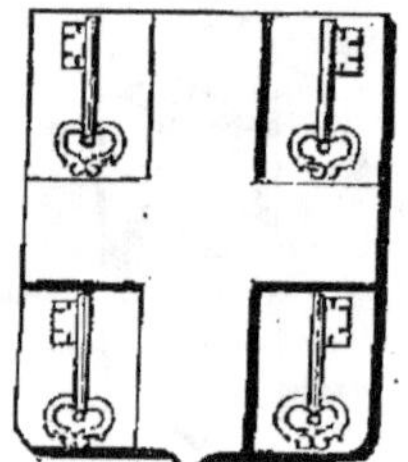

D'argent, la croix de gueules, cantonnée de quatre clefs adossées de même.

CHOLWICH.
Angleterre.
1724. P. 451.

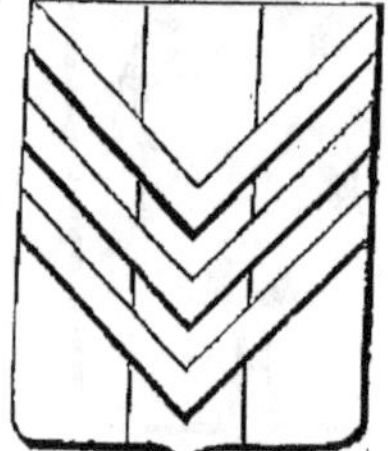

Palé d'or et d'argent de trois pièces, trois chevrons renversés de gueules brochant sur le tout.

DE LA CLAU.
Maine.
Vers 1655. P. 198.

D'azur, parti: au premier, à une clef d'argent posée en pal; au second, à trois fasces alésées d'or, et soutenues d'une colombe contournée d'argent.

LE CLERC DE JUIGNÉ.
Maine.
9 novembre 1494. P. 154.

D'argent, à la croix engrêlée de gueules, cantonnée de quatre aigles de sable, becquées et membrées de gueules.

DE CLISSON.
Comté Nantais.
Vers 1090-5. P. 10.

De gueules, au lion d'argent, lampassé et couronné d'or.

COCHON DE LA COMBE ET DE L'APPARENT *.
Poitou. Av. le 15 fév. 1605. P. 252.

D'azur, à un chevron d'argent, surmonté d'un croissant de même, et accompagné de trois hures de sanglier de sable, deux en chef et une en pointe.

DE COETLOGON.
Bretagne.
Vers 1605-10. P. 294.

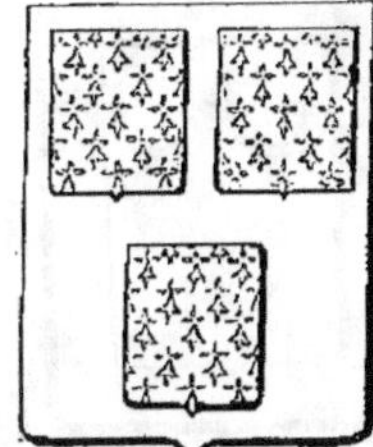

De gueules, à trois écussons d'hermines.

LE COMPTE (ou LE CONTE) *.
Orléanais.
Avant 1696. P. 205.

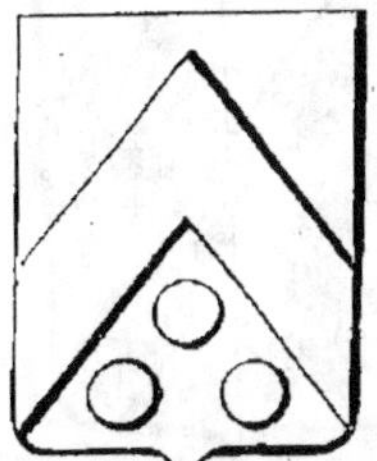

D'azur, à un chevron d'argent, accompagné en pointe de trois besants de même, mal ordonnés, ou posés 1 et 2.

DU CONSEIL.
Guienne et Languedoc.
25 février 1656. P. 124.

D'azur, à un chevron d'or, chargé de trois roses de gueules, accompagné de trois croisettes (*alias* croissants) d'argent, deux en chef et une en pointe.

CONSTANTINEAU *.
Poitou.
Vers 1480-5. P. 230.

Inconnu.

DE COQUEBORNE.
Écosse et Berri.
Vers 1550. P. 47.

D'argent, à trois coqs de gueules, brisé (pour la branche de Fussy) d'un cor de même en abîme.

DE COQUET DE SAINT-LARY.
Armagnac.
11 juin 1765. P. 70.

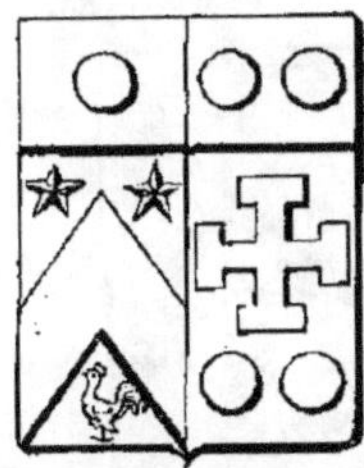

Parti : au premier, d'azur, au chevron d'or, accompagné en pointe d'un coq de même, crêté et barbé de gueules, et en tête de deux (*alias* de trois) étoiles d'argent ; au chef cousu de gueules, chargé d'un besant d'or ; au second, d'argent, à la croix d'or croisetée de gueules, soutenue de deux tourteaux de même ; au chef d'az., chargé de deux tourteaux d'or.

CORBET.
Angleterre et Bretagne.
20 août 1722. P. 569.

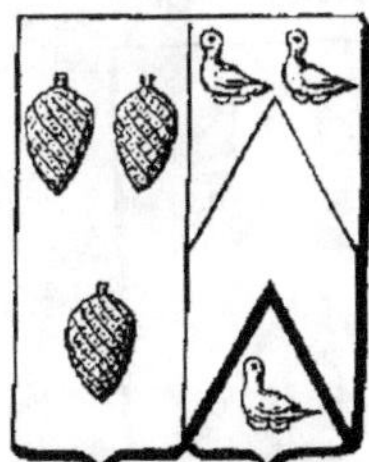

De gueules, à trois pommes de pin d'or, la tête en bas. — Accolé d'un écu : d'argent, au chevron de gueules, accompagné de trois merlettes, ou canettes, de même, qui est GOUEZNON.

DE LA CORBIÈRE DE LA MORTELESNE.
Bretagne et Anjou.
Vers 1599-1. P. 196.

D'argent, au lion de sable, armé, lampassé et couronné de gueules.

DE LA CORBIÈRE DE LA MARTINIÈRE.
Maine.
2 février 1745. P. 207.

Écartelé : aux 1 et 4, d'azur, à la bande d'argent, chargée d'un lion de gueules entre deux fleurs de lis de même, qui est DE LA MARTINIÈRE; aux 2 et 3, d'argent, au lion de sable, armé, lampassé et couronné de gueules, qui est DE LA CORBIÈRE EN SAINT-THOMAS DE COURCERIERS.

DE CORNET.
Guienne.
Vers 1655. P. 59.

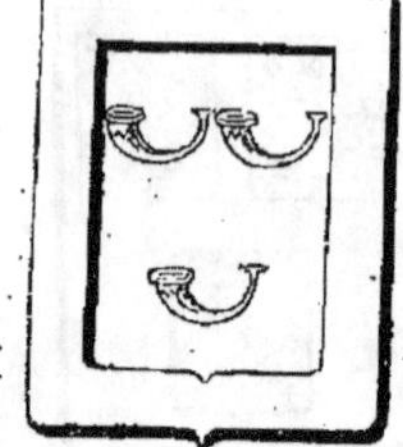

D'azur, à trois huchets d'argent, 2 et 1, à la bordure d'argent. — Alias d'azur, à trois cors de chasse d'or. — Alias (en Catalogne) d'or, au huchet d'azur, virolé d'argent et lié de gueules.

COTTIN DE VATTIÈRES.
Berri.
Vers 1490. P. 142.

Écartelé : aux 1 et 4, d'azur, à deux chevrons d'argent, accompagnés de trois hures de sanglier d'or, posées deux en chef, une en pointe, qui est COTTIN; aux 2 et 3, d'azur, aux trois renchiers d'or, qui est DE LA GRANGE D'ARQUIEN.

DE COUASNON.
Bretagne, Anjou et Maine.
1er novembre 1662. P. 163.

D'argent, à trois molettes de sable, 2 et 1.

COUÉDOR.
Bretagne.
20 décembre 1565. P. 297.

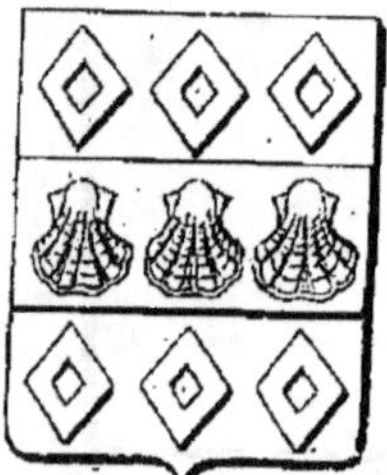

De gueules, à la fasce d'argent, chargée de trois coquilles d'azur, et accompagnée de six macles d'argent, trois en chef et trois en pointe, rangées de face.

COURAULT.
Berri.
Vers 1475. P. 140.

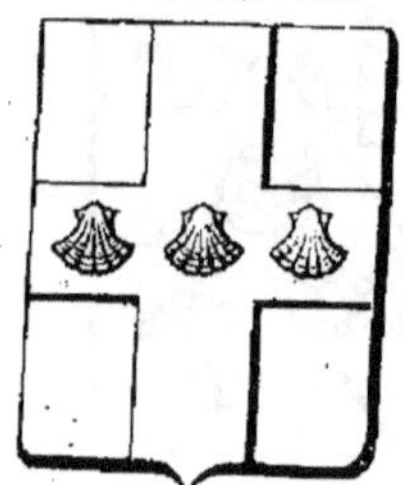

D'azur, à la croix d'or, chargée, sur le travers, de trois coquilles de gueules.

COZIC DE KERDOURON-MESMEUR.
Bretagne.
Avant le 10 mars 1662. P. 355.

D'argent, à la pomme de pin de sable.
(Ce blason laisse quelque doute.)

CRAWLEY.
Angleterre.
Vers 1745-50. P. 455.

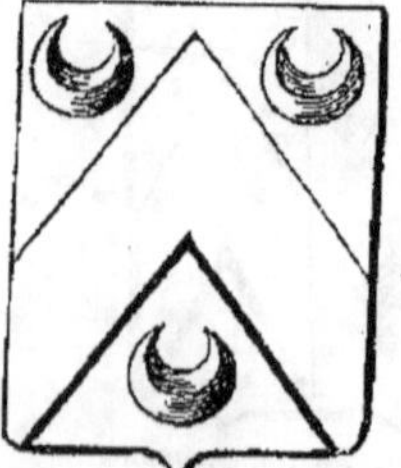

D'argent, au chevron de gueules, accompagné de trois croissants d'azur, deux en chef, un en pointe (alias trois poires).

CRESSON DE LA CRESSONNIÈRE, OU LA CRESSONNIÈRE-ANCIEN.
Poitou — Vers 1450-5. P. 237.

D'argent, à l'aigle de sable, membrée et becquée de gueules.

CRISPIN DE WOLLESTON.
Angleterre.
Vers 1280-5. P. 406.

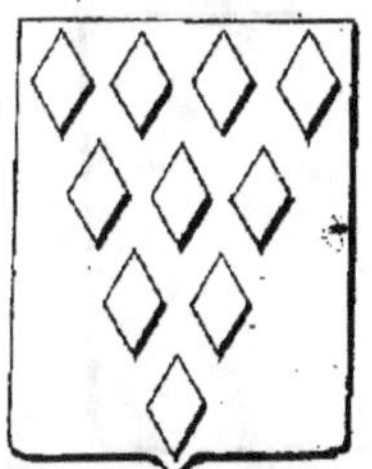

De gueules, aux dix-fuselées (ou dix losanges) d'argent, 4, 3, 2, 1.

CRUGER.
Allemagne et Amérique.
1er mai 1823. P. 93.

D'argent, à la bande de gueules chargée de trois faucons d'argent, accompagnée de deux lévriers courants de gueules (*alias* de sable), l'un en chef et l'autre en pointe.

CHABLEAU DE MAIGNON.
Berri.
Vers 1557-60. P. 52.

Écartelé : aux 1 et 4, de sable, à un lion d'argent ; aux 2 et 3, d'argent, à trois tourteaux de gueules, posés 2 et 1.

DE CULANT.
Berri.
Vers 1225-30. P. 30.

D'azur, au lion d'or ; l'écu semé d'étoiles de même. — *Alias* de molettes.

DE CULANT DE CIRÉ.
Aunis et Angoumois.
29 septembre 1587. P. 28.

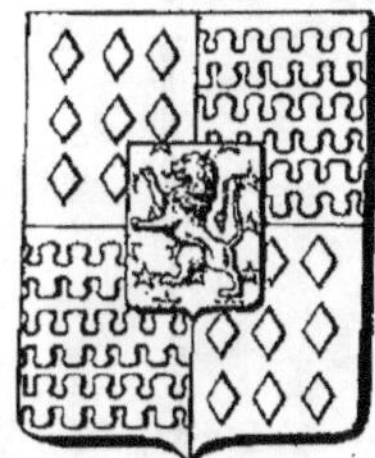

Écartelé : aux 1 et 4, d'argent, à neuf losanges de gueules, qui est DE LA ROCHEBEAUCOURT ; aux 2 et 3, de gueules, aux trois fasces entées d'argent, qui est DE ROCHECHOUART-MORTEMART ; sur le tout, d'azur, à un lion d'or, l'écu semé d'étoiles de même, qui est DE CULANT.

DE CULON.
Berri.
Vers 1431-32. P. 141.

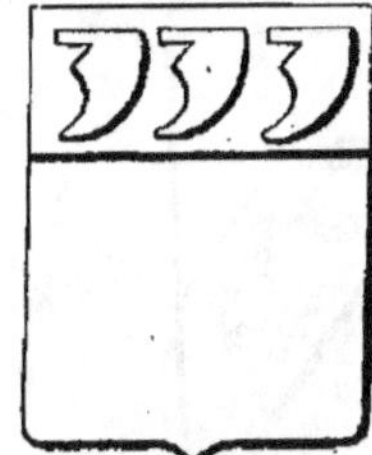

D'or (*alias* de gueules), au chef d'azur chargé de trois targets, ou boucliers à l'antique, d'argent. — *Alias* de gueules, à trois boucliers à l'antique, d'argent, posés 2 et 1 ; au chef cousu d'azur.

DAMARELL.
Angleterre.
Vers 1575-80. P. 409.

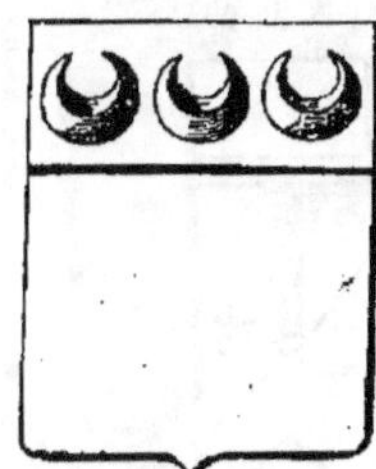

De gueules, au chef d'azur, chargé de trois croissants d'argent.

LE DÉAN.
Bretagne.
31 mars 1802 P. 374.

De sable, à la gerbe d'or.

DES PORCH, ou DU PUY.
Dauphiné et Gascogne.
1860. P. 57.

Écartelé : aux 1 et 4, de gueules, à un lion d'argent, au canton burelé d'argent et de gueules ; aux 2 et 3, de gueules, à une rivière, en pointe, d'argent, entourant un rocher de sinople, sommé d'une sirène se peignant, du second émail.

DEXMIER, depuis D'ESMIER *.
Poitou et Brunswick.
Avant 1622-5. P. 254.

Écartelé : d'azur et d'argent, à quatre fleurs de lis de l'une en l'autre.

DOUAT DE LA COLONILLA.
Béarn et Guienne.
8 mai 1818. P. 88.

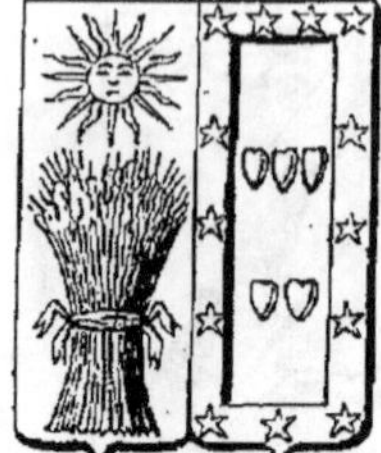

D'azur, à la gerbe d'or, au soleil de même en chef. — Accolé d'un écu : d'argent, aux cinq cœurs de sinople, à la bordure de gueules, chargée de treize étoiles d'or, quatre en chef, six sur les flancs et trois en pointe, qui est POWER Y ECHABARRY.

DRUZ.
Bretagne.
Vers 1660-70. P. 551.

Inconnu.

DUFFOUR DE BARTE.
Guienne et Ile-de-France.
21 décembre 1826. P. 113.

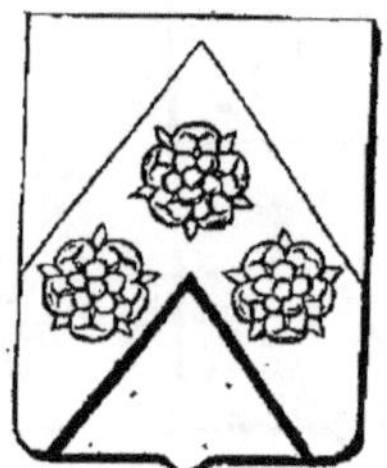

De gueules, au chevron d'argent, chargé de trois roses de gueules.

DURIOT DE LA ROUSSIÈRE.
Poitou.
Vers 1520. P. 240.

Inconnu.

D'EIMAR DE PALAMINI.
Languedoc et Béarn.
14 octobre 1719. P. 128.

D'azur, au chevron d'argent, moucheté d'hermines, accompagné de trois croissants contournés, d'argent, et posés 2 et 1; au chef de gueules, chargé d'une fasce, dentelée d'argent.

ELSEFELD *.
Angleterre.
Avant 1279. P. 597.

Inconnu.

L'ENFANT DE PATRIÈRE.
Comté Nantais et Anjou.
Avant 1471. P. 24.

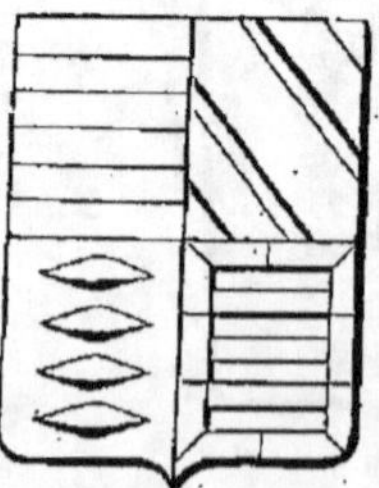

Branche de Patrière : Fascé, d'or et de gueules de six pièces. — Branche de Varennes : D'argent, à la bande d'azur, accotée de deux cotices de gueules. — Branche de Lousil : D'azur, à la bande d'argent, accotée de deux cotices, ou filets, d'or. — Branche de Bretagne : D'argent, à quatre fusées de sable, posées en pal. — Branche de Valerne : D'or, à trois fasces de gueules, à la bordure componée de dix pièces d'or et d'argent.

D'ESCOUBLEAU DE SOURDIS.
Poitou.
9 décembre 1666. P. 254.

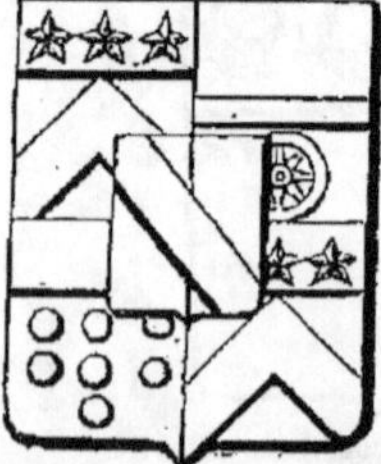

Écartelé : aux 1 et 4, d'or, au chevron de gueules; au chef de sable, chargé de trois étoiles d'or, qui est DOLLÉ; au 2, d'azur, à la roue d'or, surmontée d'une fasce en devise, d'or, qui est DE ROSTAING; au 3, d'azur, à sept besants d'or, posés 3, 3, 1; au chef de même, qui est DE MALON-ESPINOY; sur le tout, d'azur, parti de gueules, à la bande d'or, brochant sur le tout, qui est D'ESCOUBLEAU DE SOURDIS.

D'ESPIAU DE LA MAUZE.
Guienne.
Vers 1610-15. P. 58.

D'or, à un cœur de gueules, percé
de deux flèches en sautoir d'argent,
surmonté d'un saint-esprit d'azur,
accoté de deux SS de même.

D'ESPIAU DE LA MAUZE.
Guienne.
Vers 1610-15. P. 121.

D'or, à un cœur de gueules, percé
de deux flèches en sautoir d'argent,
surmonté d'un saint-esprit d'azur,
accoté de deux SS de même.

D'ESPONS, OU DESPONS.
Guienne.
Vers 1610-15. P. 60.

Inconnu.

D'ESPONS, OU DESPONS.
Guienne.
Avant 1722. P. 66.

Inconnu.

D'ESTAMPES.
Berri et Bourbonnais.
Vers 1415. P. 214.

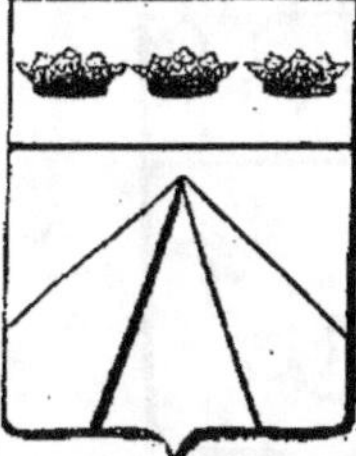

D'azur, à deux girons, appointés
et posés en chevron, d'or (alias deux
pointes de giron d'or); au chef d'argent, chargé de trois couronnes du-
cales de gueules. On trouve aussi les
couronnes terminées en fleurs de
lis.

ESTEVART DE LA GRANGE.
Berri.
21 septembre 1519. P. 220.

Burelé d'or et de gueules.

ÉVEN DE LA MANDARDIÈRE.
Bretagne.
27 octobre 1657. P. 315.

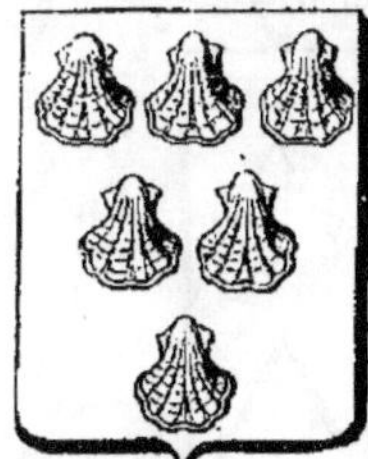

D'azur, à six coquilles d'argent,
3, 2, 1.

DU FAUR DE LANGESSE ET DE PIBRAC.
Guienne et Languedoc.
Vers 1685. P. 65.

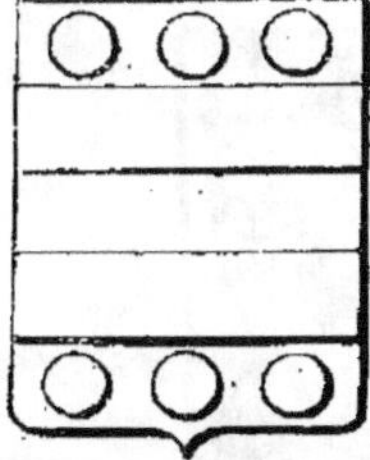

D'azur, à deux fasces d'or, accompagnées de six besants d'argent, trois en chef et trois en
pointe.
On trouve aussi : écartelé DE CAR-
DAILLAC, qui est : de gueules, au lion
couronné d'or, à l'orle de treize besants
d'argent. — Alias le lion couvert d'une
cotte d'armes d'azur, semée de fleurs de
lis d'or, par concession royale.

DE FAUVILLE, OU FOVILLE.
Berri et Orléanais.
1526. P. 51.

D'azur, aux deux aigles d'or,
affrontées et essorantes, soutenant
une tonne d'or cerclée de sable, accompagnée en pointe d'un croissant d'argent.

LE FEBVRE.
Normandie.
14 juillet 1667. P. 204.

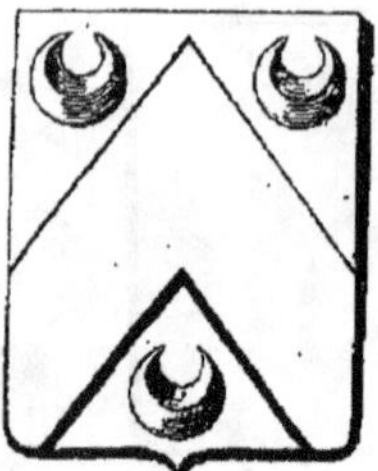

D'azur, à un chevron de gueules, accompagné de trois croissants d'argent.

DE FINIELS DE BONREPOS.
Languedoc.
Juillet 1780. P. 130.

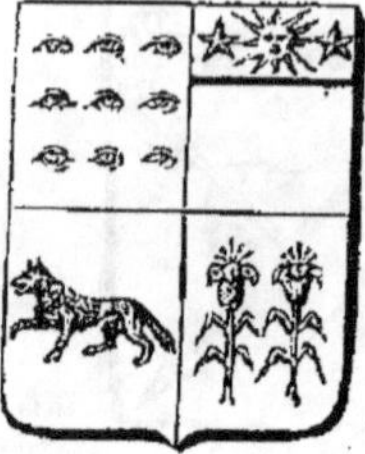

Écartelé : au 1, d'argent, à neuf yeux de sable, posés 3, 3, 3 ; au 2, d'argent, au chef d'azur, chargé d'un soleil d'or entre deux étoiles d'argent ; au 3, d'azur, au loup passant, d'argent ; au 4, d'azur, à deux lis, tigés et feuillés, d'argent.

FITZ-STEPHEN DE NORTON.
Angleterre.
Vers 1310-5. P. 408.

De gueules, à l'aigle éployée d'or.

DE FOISSIN DE SALLES.
Guienne.
8 septembre 1505. P. 54.

D'azur, au cor d'argent, lié de même, qui est DE FOISSIN. — Accolé d'un écu : d'argent, à la tour de sable, donjonnée de même, à sénestre, qui est DE SALLES.

DE FLOURVILLE DE LA SEUZE.
Bretagne.
Vers 1505-6. P. 289.

D'argent, à trois merlettes de sable ; au chef vairé, contre-vairé, d'argent et d'azur.
(Ce blason laisse quelque doute.)

DE FOLD, ou FOL.
Berri et Bretagne.
Vers 1435-40. P. 44.

D'argent, à une tour de gueules, et une étoile de même en pointe.

DE FONTAINE DE BIRÉ.
Maine.
7 mars 1791. P. 183.

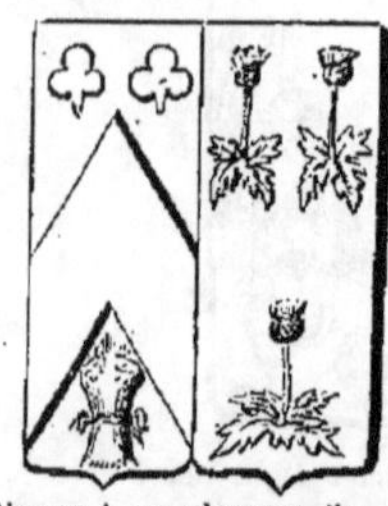

D'azur, à un chevron d'or, accompagné en chef de deux trèfles d'argent, et en pointe d'une gerbe de même (alias écartelé de gueules, à l'aigle d'or), qui est DE FONTAINE DE BIRÉ. — Accolé d'un écu : d'argent, aux trois chardons de sinople, fleuris d'azur, qui est CARDON DE GARCIGNIES.

DE LA FOREST DU BOIS-PÉTHIAU.
Poitou.
Vers 1480-5. P. 238.

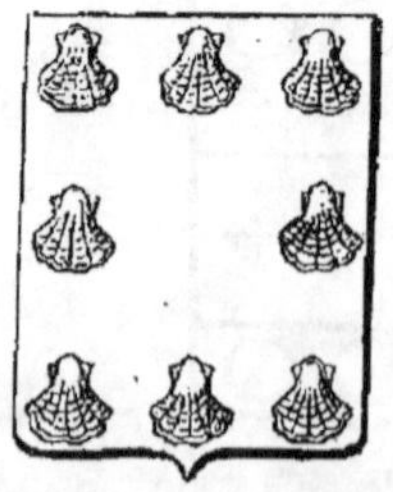

D'azur, à huit coquilles (alias croisilles) d'argent, posées en orle. — Alias d'argent, à une bordure d'azur, chargée de huit coquilles d'argent.

FORTESCUE DE FALLAPIT.
Angleterre.
Vers 1630. P. 426.

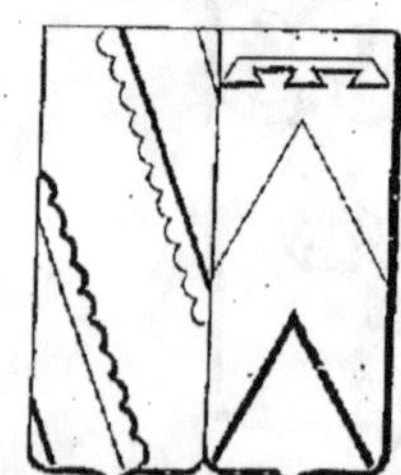

D'azur, à la bande engrêlée d'argent entre deux cotices d'or. — Accolé d'un écu : d'argent, au chevron de sable, au lambel de gueules en chef, qui est PRIDEAUX.

FOUCHARD *.
Comté Nantais.
14 septembre 1614. P. 292.

D'argent, à un chevron renversé d'azur, accompagné de trois harpes de gueules, une en chef et deux en pointe.

(Ce blason est douteux, étant dans la partie de l'Armorial de 1696 consacrée aux défaillants.)

FRADET.
Berri.
Vers 1295-1300. P. 34.

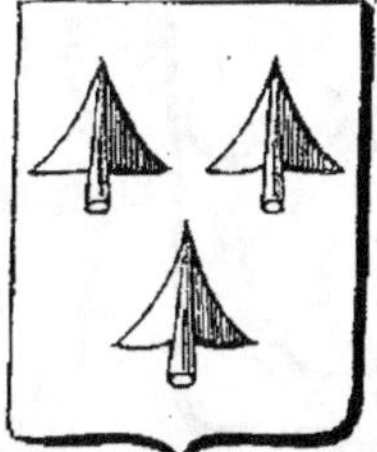

D'or, à trois fers de lance de sable, posés 2 et 1, la pointe en haut. — *Alias* trois fers de pique; *alias* de dard.

DE GALARD DE LISLE.
Guienne.
9 août 1719. P. 103.

D'azur, à trois corneilles de sable, becquées et membrées de gueules, posées 2 et 1.

GALLET DE ST-GERMAIN DES BOIS.
Saintonge et Berri.
Vers 1414. P. 43.

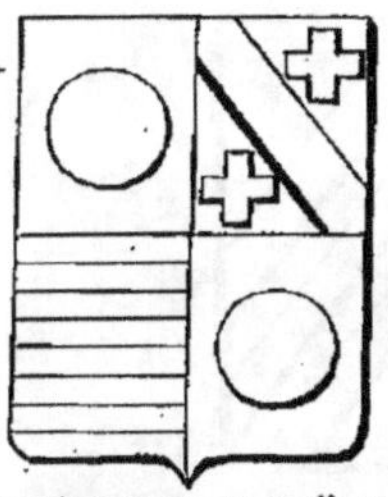

Écartelé : aux 1 et 4, d'azur, à un tourteau d'or, qui est GALLET; au 2, d'argent, à la bande d'azur, accompagnée de deux croisettes de même, qui est DE GUÉROULT DE BONNIÈRES; au 3, d'argent et de gueules, fascé de huit pièces, qui est ROULAINVILLIERS.

DE GARREAU.
Comté Nantais.
1609-10. P. 291.

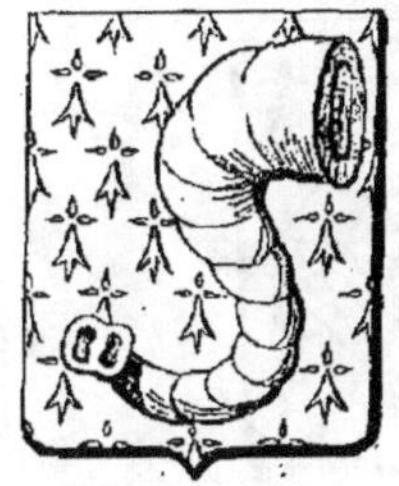

De contre-hermines, à un proboscide (ou trompe d'éléphant) d'or.

DE GASCQ.
Guienne.
Avril 1819. P. 90.

De gueules, à un lion d'argent, à trois molettes de même, rangées en chef, soutenues d'une trangle aussi d'argent.

GASSAULT.
Berri.
Vers 1480. P. 218.

Écartelé : aux 1 et 4, d'azur, au chevron d'or, accompagné de trois étoiles d'or, 2 et 1, qui est GASSAULT; aux 2 et 3, d'or et d'azur, à la cotice de gueules, brochant sur le tout, qui est CHAMBELLAN.

GASTAUD *.
Poitou.
Avant 1629. P. 252.

Inconnu.

GATTINARA, ou DE GATTINAIRE.
Piémont et Anjou.
1500. P. 21.

D'azur, à deux os de mort d'argent, passés en sautoir et accompagnés de quatre fleurs de lis d'or, posées une en chef, une à chaque flanc, et une en pointe.

GAUQUELIN DE DOBERT.
Normandie et Maine.
1478. P. 455.

D'azur, à la bande d'or, accompagnée de deux fleurs de lis de même.

GAZEAU DES FONTAINES *.
Poitou.
Vers 1508. P. 226.

D'argent, à trois trèfles de sable.

DU GENEST *.
Poitou.
Avant 1498. P. 220.

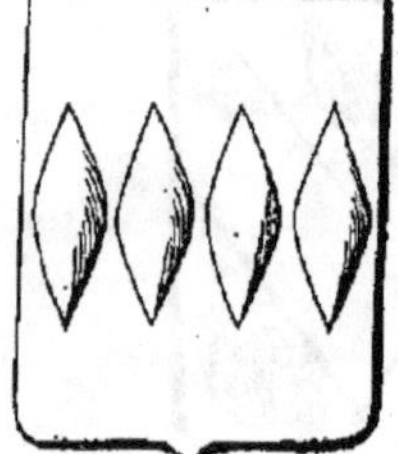

De sable, à quatre fusées d'argent, mises en fasce.

DE GENNES.
Bretagne et Languedoc.
1795. P. 440.

D'azur, à trois renards rampants d'or, posés 2 et 1; une fleur de lis de même en abîme.

GILBERT DE COMPTON-CASTLE.
Angleterre.
Vers 1540-5. P. 413.

D'hermines; au chevron de sable, chargé de trois roses d'argent.

GIRARD DE LA ROUSSIÈRE ET DES ÉCHARDIÈRES.
Poitou. Vers 1530. P. 243.

D'azur, à trois chevrons d'or.

GORIN DE FONTENAILLES ET D'ÉCOMMOY *.
Maine et Poitou. 22 av. 1657. P. 255.

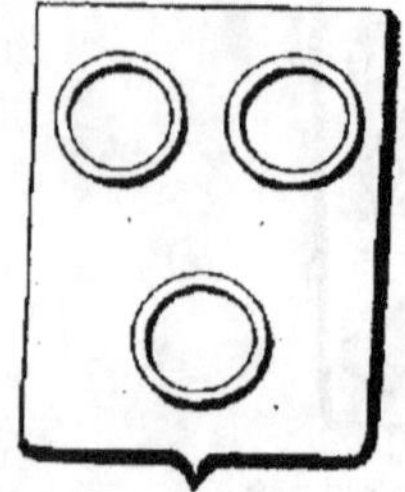

D'argent, à trois annelets de gueules.
(Ce blason laisse quelque doute en Poitou.)

DE GOUDIN.
Armagnac.
23 février 1710. P. 66.

D'azur, au lion d'or. — Accolé d'un écu : d'argent, aux six épées de sable, passées en sautoir deux à deux, et posées 2 et 1, qui est DE TRACONNET.

GOURDEAU D'AISENAY.
Poitou.
Décembre 1559. P. 244.

D'argent, à une aigle de sable, becquée et onglée d'or (alias d'argent). — Accolé d'un écu : de gueules, à deux étoiles d'or en chef, et un croissant d'argent en pointe, qui est GABARD.

GOURO DE LIVOIS.
Bretagne et Anjou.
1510-5. P. 26.

De gueules, à une fleur de lis
d'argent.—Accolé d'un écu : d'azur,
à trois roquets d'or, qui est ROGON.

LE GOUST *.
Poitou et Bretagne.
11 février 1641. P. 255.

De sable, aux trois fasces d'or.
(Ce blason est douteux en Poitou.)

LE GRAND.
Normandie.
Vers 1450-5. P. 451.

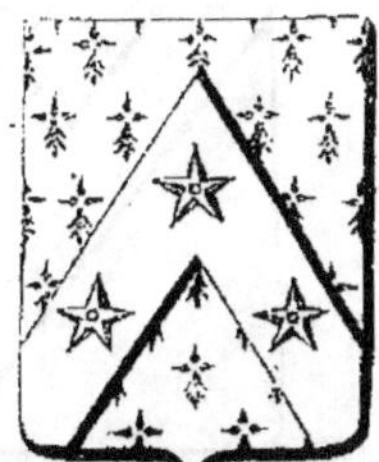

D'hermines; au chevron de gueu-
les, chargé de trois molettes d'or.
(Ce blason laisse quelque doute en
Berri.).

LE GRAND DE BEAUMONT.
Bretagne.
12 mai 1758. P. 522.

D'or (alias d'argent), au sanglier
de sable, passant devant un chêne
glandé, de sinople.

GRAVIER DE VERGENNES.
Bourgogne.
15 juillet 1778. P. 155.

Parti : au 1, de gueules, chargé
de trois merlettes d'argent, posées
2 et 1, la supérieure à dextre, contournée, qui est GRAVIER; au 2, de
gueules, à la croix d'argent; sur le
tout, de sable, au cep de vigne d'or;
au chef cousu d'azur, chargé d'un
soleil, qui est DE CHAVIGNY.

GRIMALDI.
Nice.
Avant 1696. P. 258.

Losangé (alias fuselé) d'argent
et de gueules.

LE GRIS DU VAL.
Normandie.
17 janvier 1757. P. 562.

D'argent, à la givre de sinople
dardant son aiguillon, mise en pal,
surmontée d'une colombe de sable.
— Accolé d'un écu : de gueules, à
deux chevrons d'or, accompagnés
en pointe d'une fleur de lis d'argent, qui est d'AUSMESNIL (en Normandie et en Bretagne).

LE GRIS DU VAL.
Normandie et Bretagne.
7 mars 1786. P. 565.

D'argent, à la givre de sinople
dardant son aiguillon, mise en pal,
la tête surmontée d'une colombe de
sable. — Accolé d'un écu : d'azur, à
la licorne d'argent, surmontée d'un
croissant de même, qui est DE LA
FONTAINE DE TRÉAUDET.

DE GRIVEL DE GROSSOVES.
Berri.
15 septembre 1616. P. 255.

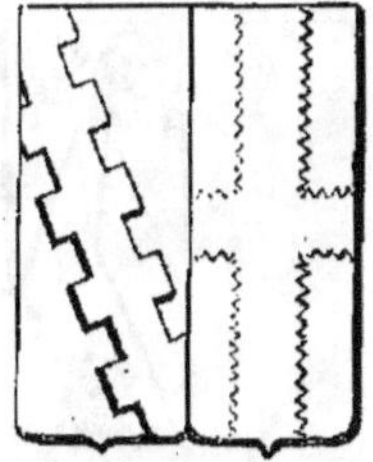

D'or, à la bande, bretessée des
deux côtés, de sable (alias d'argent, à la bande échiquetée de sable
et d'argent, de deux traits). — Accolé d'un écu : de gueules, à une
croix engrêlée d'or, qui est DE
GADAGNE.

GRYLLS *.
Angleterre.
Vers 1760. P. 425.

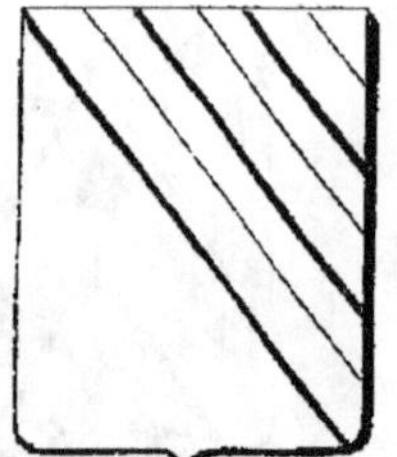

D'or, à trois bandelettes de gueules, placées au côté sénestre de
l'écu.

LE GUÉ DE LA GUIGNARDIÈRE.
Bretagne et Anjou.
7 février 1669. P. 164.

D'argent, à trois perroquets de
sinople.

GUÉRET.
Berri.
Vers 1380. P. 57.

D'argent, à l'aigle éployée de
sable.

DE GUÉRIN DE POISIEUX.
Anjou et Berri.
Vers 1470. P. 51.

D'or, à trois lionceaux de sable,
lampassés, armés et couronnés d'or,
— Alias de sable, à trois lions d'or.

DES GUERRES.
Berri.
Vers 1556-60. P. 57.

D'or, à trois chardons de sinople,
issants d'une même tige. — Alias
(en Nivernais) de gueules, à trois
fasces d'argent.

DES GUERRES.
Nivernais.
10 juin 1527. P. 147.

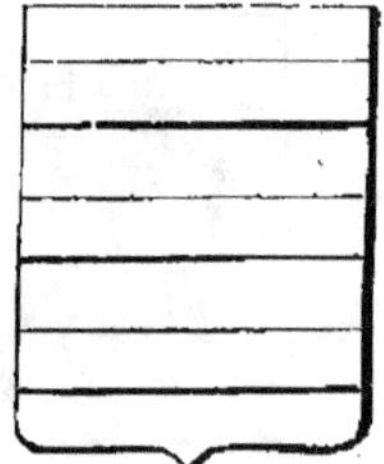

De gueules, à trois fasces d'argent.

GUYESSE.
Rouergue et Bretagne.
21 septembre 1841. P. 374.

De...... .... (inconnu).
— Accolé d'un écu : de gueules, au
chevron brisé, accompagné de trois
têtes de lion, arrachées et lampassées, le tout d'or, deux en chef et
une en pointe, qui est LE GALLIC
DE KERISOUET.

GUYNÉ, ou GUINÉ.
Bretagne.
Vers 1550. P. 292.

D'azur, au sautoir d'or, accoté
en chef d'un croissant d'argent, et
en pointe d'un trèfle de même.

GUYOT *.
Comté Nantais.
Avant 1608-9. P. 292.

D'argent, au chevron de gueules,
accompagné en chef de deux flèches
brisées de même, et en pointe
d'une aigle éployée de sable, le vol
abaissé.

HAGAR.
Angleterre.
Vers 1750. P. 455.

De gueules, à la bande d'or, chargée de trois lions passants de sable.

DE HARDOUIN DE LA GIROUARDIÈRE.
Maine.
6 juillet 1620. P. 198.

D'argent, à la fasce de gueules, accompagnée en chef d'un lion passant de sable, lampassé de gueules, et en pointe de deux quintefeuilles aussi de sable.

HARRIS DE HAIN.
Angleterre.
Vers 1612. P. 424.

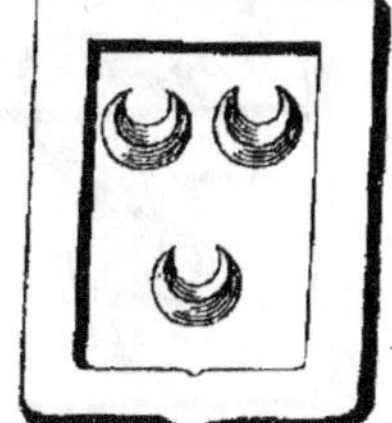

De sable, aux trois croissants de .... à la bordure d'argent.

HAVART DE ROSIÈRES.
Irlande, Perche et Piémont.
Vers 1466-8. P. 51.

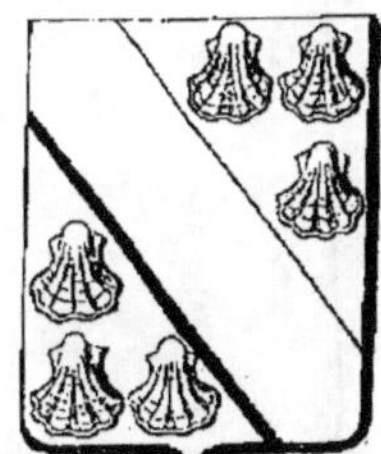

De gueules, à la bande d'or, accompagnée de six coquilles d'argent, mises en orle. — *Alias* d'azur, à la bande d'argent, accompagnée de six coquilles d'or. — *Alias* la bande frettée d'or et de sable. — *Alias* six fusées de sable.

DE LA HAYE DE LA CHAUSSONNIÈRE
Bretagne.
Vers 1550-5. P. 506.

D'argent, au sautoir de gueules, accompagné de quatre billettes de même. — Accolé d'un écu : d'argent, à une aigle éployée (*alias* impériale) de sable, armée de gueules, qui est LE PAIGE.

HÉLE DE GNATON.
Angleterre.
Vers 1635. P. 427.

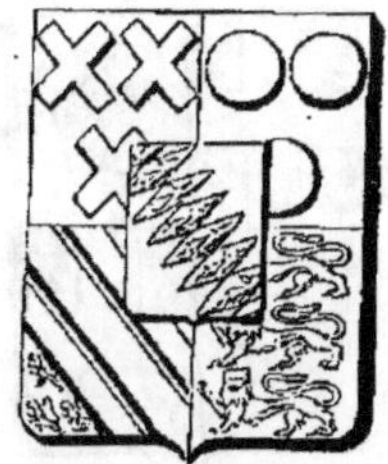

Écartelé : au 1, d'azur, à trois sautoirs d'or, qui est GLANVILLE; au 2, d'or, à trois tourteaux de gueules, qui est COURTENAY; au 3, d'azur, à la bande d'argent, coticée d'or, entre six lions rampants, d'or, qui est BONUN; au 4, de gueules, à trois léopards passant l'un sur l'autre, d'or, qui est ANGLETERRE; sur le tout, de gueules, à la bande fuselée d'argent, de huit pièces, chargées chacune d'une hermine, qui est HÉLE.

HÉLYES DE LA ROCHE-ESNARD.
Poitou, Saintonge et Angleterre.
Vers 1600. P. 249.

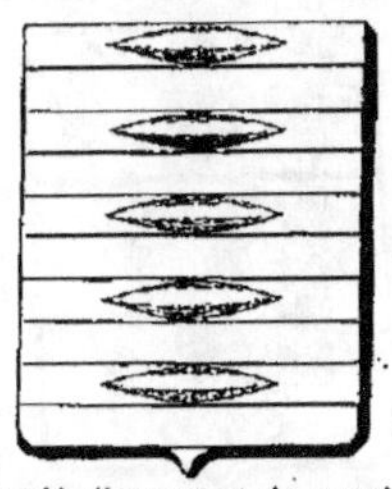

Burelé d'argent et de gueules, l'argent chargé de cinq fusées de sable, mises en pal (*alias* mise en fasce).

DE HERBELIN DU PARC.
Maine et Picardie.
30 avril 1672. P. 194.

D'or, au chevron de gueules, accompagné de trois étoiles d'argent, deux en chef et une en pointe. — *Alias* en Picardie : accompagné de deux molettes de sable en chef, et d'une hure de sanglier de même, en pointe. — Accolé d'un écu : d'argent, à trois trèfles de sinople, qui est BONNIER.

DE L'HÔPITAL DE GIVRÉ.
Berri.
Vers 1450. P. 159.

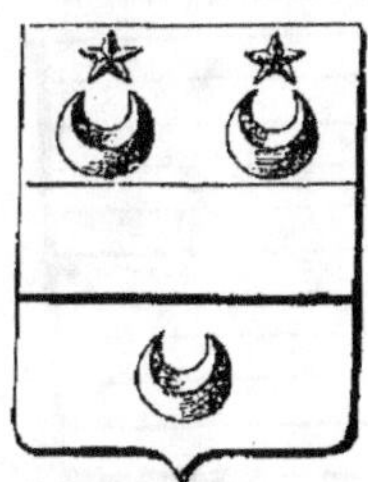

D'azur, à la fasce d'or, accompagnée de trois croissants d'argent, 2 et 1 ; ceux du chef surmontées de deux étoiles d'or.

HOULIER *.
Poitou.
20 février 1629. P. 234.

D'azur, à un pot à deux anses d'argent, garni de trois lis de même, tigés et feuillés de sinople, et un chef cousu de gueules, chargé de trois croissants d'argent.

HOUST DE LA PREUILLE.

24 août 1460. P. 21.

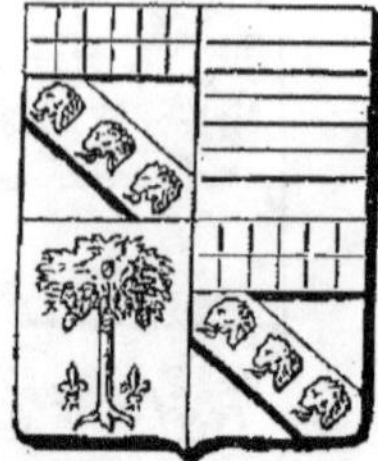

Écartelé : aux 1 et 4, d'or, à la bande d'azur, chargée de trois têtes de lion d'or ; au chef échiqueté d'argent et d'azur de deux traits, qui est HOUST ; au 3, d'argent, aux trois fasces de gueules, qui est DE LA PREUILLE ; au 4, d'argent, au pin de sinople, côtoyé, au pied, de deux fleurs de lis de gueules, qui est BUDES.

HUCHET DE LA BÉDOYÈRE
ET DE RÉDILLAC.
Bretagne. 5 mai 1380. P. 299.

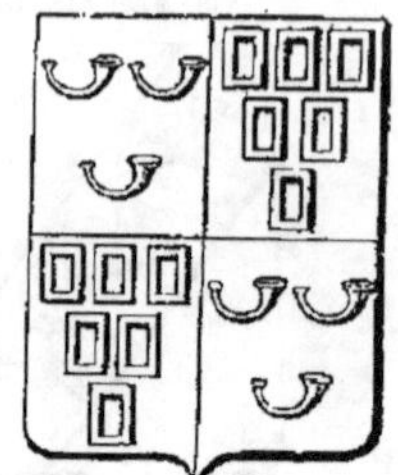

Écartelé : aux 1 et 4, d'argent, à trois huchets de sable, 2 et 1, qui est HUCHET ; aux 2 et 3, d'azur, à six billettes percées d'argent, 3, 2, 1, qui est DE LA BÉDOYÈRE.

HUDELON-KERBIQUET.
Bretagne.
Vers 1280-5. P. 272.

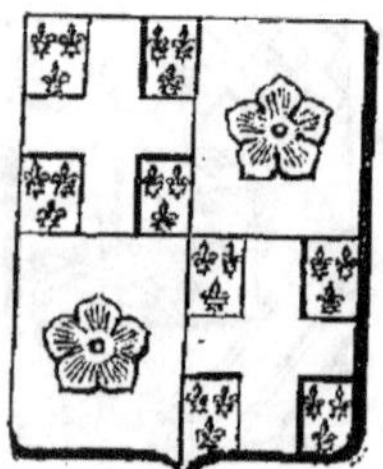

Écartelé : aux 1 et 4, de sable, à la croix d'argent, cantonnée de douze fleurs de lis de même, qui est HUDELON ; aux 2 et 3, d'argent, à une quintefeuille de sable, percée d'argent, qui est KERBIQUET.

HUDELON DU PLESSIS.
Bretagne.
Vers 1505. P. 287.

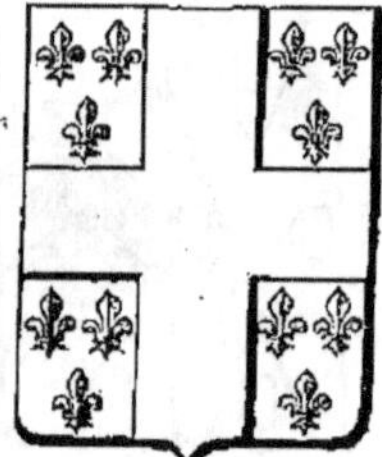

De sable, à la croix d'argent, cantonnée de douze fleurs de lis de même.

HURTEBISE DU PORTAL *.
Poitou.
Avant 1682. P. 255.

Inconnu.

D'IGNY DE RISAUCOURT.
Lorraine.
1721. P. 104.

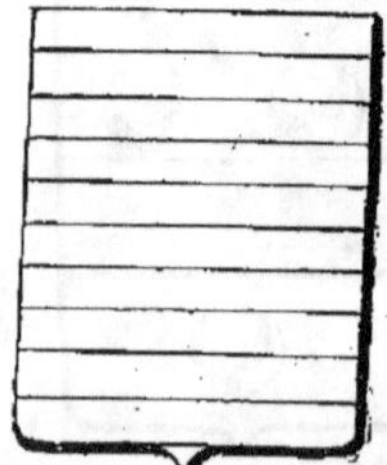

Burelé d'argent et de gueules.
— Alias fascé d'argent et de gueules de huit pièces.

DE JANAILHAC.
Berri.
Vers 1470. P. 58.

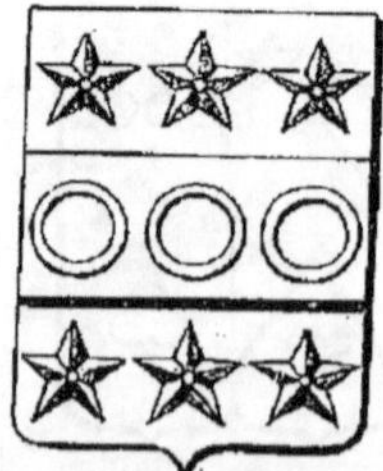

D'azur, à la fasce d'or, chargée de trois annelets de gueules, accompagnée de six molettes, trois en chef et trois en pointe.

DE JEAN.
Languedoc et Béarn.
21 septembre 1692. P. 103.

D'azur, à une aigle éployée d'or ; au chef cousu de gueules, chargé de trois fleurs de lis d'or (alias trois roses), mises en fasce.

JOLY *.
Bretagne.
Avant 1615. P. 191.

D'azur, à trois lis au naturel d'argent.

JOUBERT DE LA CRESSINIÈRE *.
Poitou.
Avant 1655. P. 236.

D'azur, à deux fers de lance, d'argent; au franc-quartier de gueules, chargé d'une aigle d'or.

JOUBERT DE LA CRESSINIÈRE *.
Poitou.
Avant 1700. P. 236.

D'azur, à deux fers de lance, d'argent; au franc-quartier de gueules, chargé d'une aigle d'or.

JOUBIER *.
Bretagne.
Avant 1548. P. 507.

Inconnu.

JOUYNEAU DE L'HERCULE *.
Poitou.
18 février 1631. P. 252.

Inconnu.

KERAMBOURENT.
Bretagne.
Vers 1440-5. P. 345.

Inconnu.

DE KERANGAL, OU QUÉRANGAL
DU KÉRASCOËT.
Bretagne. 21 avril 1784. P. 185.

Écartelé : aux 1 et 4, d'azur, à la colombe d'argent, tenant en son bec un rameau, qui est de KÉRAN- GAL; aux 2 et 3 de gueules, à deux clefs d'argent passées en sautoir, les gardes en haut, qui est GILLARD DE KERENFLECH

KERDRÉACH.
Bretagne.
18 juillet 1763. P. 560.

Inconnu.

DE KERNAFLEN DE KERGOS.
Bretagne.
14 septembre 1745. P. 561.

D'azur, à la croix d'argent, char- gée de cinq fleurs de lis de gueu- les, cantonnée, aux 1 et 4, de deux étoiles, aux 2 et 3, de deux croissants, le tout d'or.

DE KERNAFLEN DE KERGOS.
Bretagne.
5 mai 1847. P. 375.

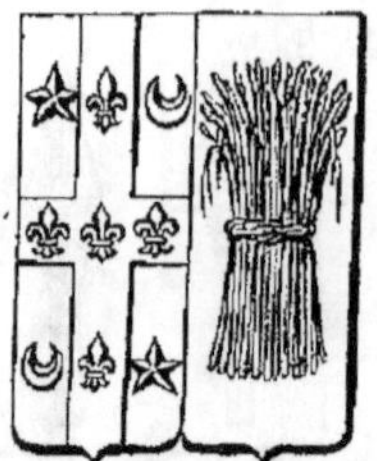

D'argent, à la croix de gueules, chargée de cinq fleurs de lis d'argent, cantonnée, aux 1 et 4, de deux étoiles; aux 2 et 5, de deux croissants, le tout d'or. — Accolé d'un écu : d'azur, à la gerbe d'or, qui est GIRDON.

KILLIOVE DE DECOLOÉ.
Angleterre.
Vers 1575-80. P. 422.

D'or, au chevron de sable, accompagné de trois quintefeuilles (alias trois trèfles) de même.

DE LA LANDE.
Berri.
Vers 1520-5. P. 159.

De gueules, à deux chevrons haussés d'argent, accompagnés en pointe de deux coquilles de même.

DE LA LOÉ.
Berri.
Vers 1420. P. 39.

D'azur, à une fasce d'argent, chargée de trois fleurs de lis de gueules (au lieu de trois étoiles qu'il y avait précédemment), accompagnée de trois alouettes d'or, 2 et 1 (qui ont été depuis changées en merlettes) deux en chef, une en pointe.

LA LOUETTE.
Bretagne.
Vers 1184. P. 14.

D'azur, à une fasce d'argent, chargée de trois étoiles de gueules, et accompagnée de trois alouettes d'or. — Alias d'argent, à la fasce de gueules, chargée de trois étoiles d'or, et accompagnée de trois alouettes de sable.

LAMBERT DE LORGERIL.
Bretagne.
3 mars 1745. P. 321.

D'argent, au chevron de gueules.

DE LAMOIGNON.
Berri, Nivernais et Ile-de-France.
Vers 1577. P. 212.

Écartelé : aux 1 et 4, d'argent, à trois hermines de sable, qui est DE PLEIX ; aux 2 et 5, d'or, au lion de sable, qui est DE TROUSSENOIS ; sur le tout, losangé d'argent et de sable, au franc-quartier d'hermines, qui est DE LAMOIGNON, en Berri.

LAMOUR DE LANGEGU.
Bretagne.
18.. P. 353.

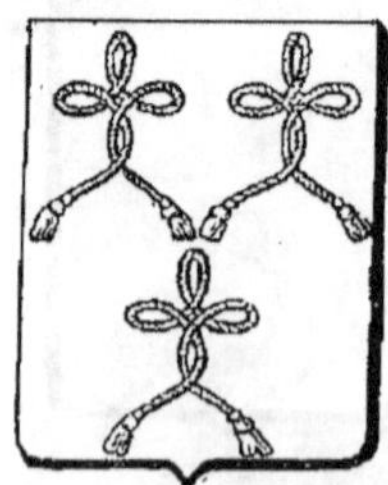

D'azur, à trois lacs d'amour d'argent, posés 2 et 1.

DE LANGLOIS DU BOURGUAY.
Normandie et Angleterre.
30 juillet 1708. P. 172.

D'argent, à trois têtes de loup arrachées, de sable, posées 2 et 1. — Alias tenant un rameau entre les dents; alias d'argent, à trois têtes de loup coupées de sable, allumées et lampassées de gueules, 2 et 1.

LANGLOIX.
Ile-de-France.
7 décembre 1816. P. 187.

De gueules, aux trois oies d'argent, deux en chef, une en pointe. — Accolé d'un écu : d'azur, au chevron d'or, accompagné en chef d'une étoile d'argent entre deux roses d'or, et en pointe d'un oiseau d'argent, qui est GUESNON.

DE LARRIEU.
Gascogne.
1er avril 1676. P. 65.

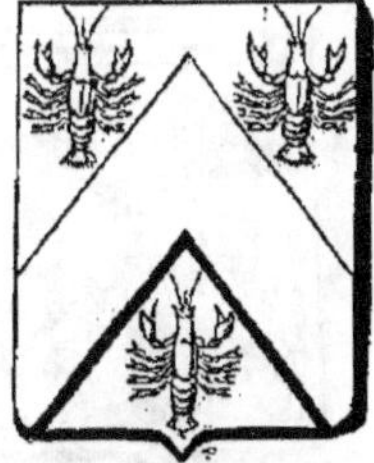

D'or, à un chevron de sable, accompagné de trois écrevisses de gueules, deux en chef et une en pointe.

DE LARY DE LA TOUR.
Irlande et Gascogne.
Avril 1845. P. 114.

D'or, aux cinq pals de gueules, (alias sept), au chef d'argent, chargé de trois corneilles de sable. — Accolé d'un écu : parti, au 1, de gueules, au saint Michel d'argent ; au 2, d'azur, au lion d'or, gravissant un rocher de cinq coupeaux d'argent, qui est DE BATZ DE TRANQUELLÉON et DE MIREPOIX.

DE LAUNAY DE LA BELLUÈRE.
Maine et Anjou.
Vers 1660-4. P. 194.

D'or, au chêne arraché de sinople, accoté de deux aigles éployées, les têtes affrontées, de sable, becquées et onglées de gueules (alias le vol abaissé).

DE LAUNAY DE CHENERU.
Maine et Anjou.
26 janvier 1656. P. 157.

D'or, au chêne arraché de sinople, accoté de deux aigles éployées, les têtes affrontées de sable, becquées et onglées de gueules.

DE LAUZIT.
Gascogne.
26 octobre 1597. P. 122.

D'argent, aux trois vanneaux de sable, posés 2 et 1.
(Ce blason est douteux.)

LÉBÉ.
Gascogne.
30 novembre 1614. P. 55.

De gueules, au chevron d'or, accompagné d'un lièvre courant de même, en pointe ; au chef d'argent, chargé de trois étoiles de sable.

DE LEISSÈGUES DE ROZAVEN.
Auvergne et Bretagne.
9 mai 1736. P. 570.

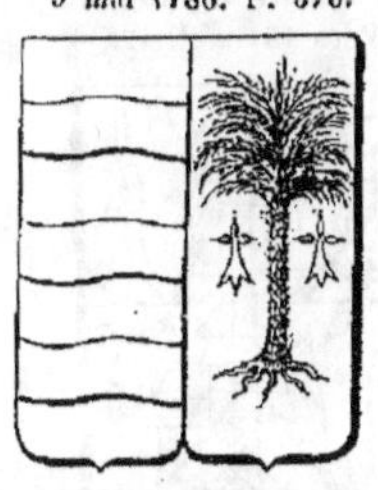

D'or, à trois fasces ondées de gueules (brisé, pour la branche de LEGERVILLE, d'une épée d'argent, garnie d'or, brochant sur le tout). — Accolé d'un écu : d'argent, à un palmier d'azur, accolé de deux hermines, qui est GUÉDON DE KERMOISAN.

DE LESCOUBLE DE LA GOURAIS.
Bretagne.
Vers 1420-30. P. 285.

De sable, à l'escouble (oiseau) d'argent. — La branche du Vieux-Château brisait de trois besants d'argent.

LESCUYER.
Berri et Picardie.
Vers 1440. P. 44.

D'azur, au chevron d'argent, chargé de cinq roses de gueules, accompagné de trois étoiles d'or, deux en chef, une en pointe.

DE LEUZE DE SAINT-DÉSÉRY.
Languedoc.
8 mars 1810. P. 186.

D'or, au chêne de sable, soutenu par deux lions affrontés de même, brisé (pour la branche de Saint-Déséry) d'un lambel de trois pendants de gueules.

DE LEUZE DE SAINT-DÉSÉRY.
Languedoc et Maine.
17 mars 1834. P. 94.

Écartelé: aux 1 et 4, d'or au chêne de sable, soutenu par deux lions affrontés de même, brisé d'un lambel de trois pendants de gueules, qui est DE LEUZE; aux 2 et 3, d'or, à l'aigle d'empire; mi-parti: d'azur, à la fleur de lis d'or, au lambel de trois pendants d'argent, qui est DE BASTARD DE FONTENAY.

LEY.
Angleterre.
Vers 1609. P. 424.

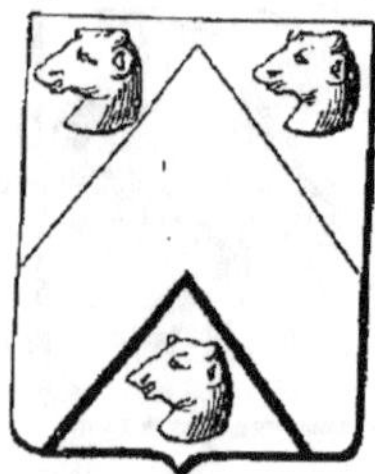

D'argent, au chevron accompagné de trois têtes de veau marin, coupées, de sable.

DE LIMESLE DE LA BOUVRAYE.
Anjou.
Avant 1667. P. 163.

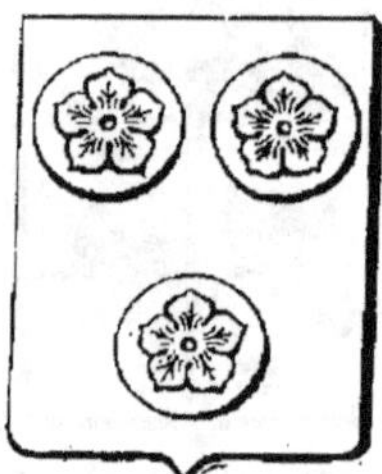

D'argent, à trois tourteaux d'azur, deux en chef et un en pointe, chacun chargé d'une quintefeuille d'argent.

LIMOUSIN, OU LIMOSIN, DE SAULX.
Guienne.
Vers 1575-80. P. 119.

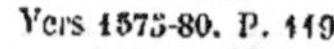

D'azur, au croissant d'argent, accompagné en chef de deux étoiles de même. — *Alias* d'azur, à trois croissants d'argent.

LIMOUSIN DE BOUILDROUX.
Poitou.
1553-77. P. 242.

D'azur, au croissant d'argent, accompagné en chef de deux étoiles de même. — *Alias* d'azur, à trois croissants d'argent.

DE LISLE.
Écosse, Berri et Provence.
Vers 1517. P. 47.

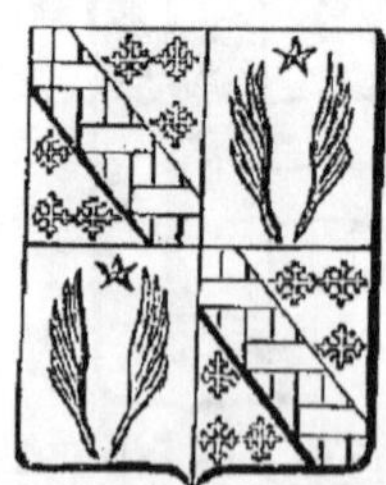

Écartelé : aux 1 et 4, d'azur, à la bande d'or, accompagnée de six croix recroisettées de même, posées en orle, et chargées d'une frette de gueules ; aux 2 et 3, d'azur, à deux palmes d'or, adossées, posées en pal, et surmontées d'une étoile aussi d'or.

LOFTUS *.
Angleterre.
11 octobre 1852. P. 424.

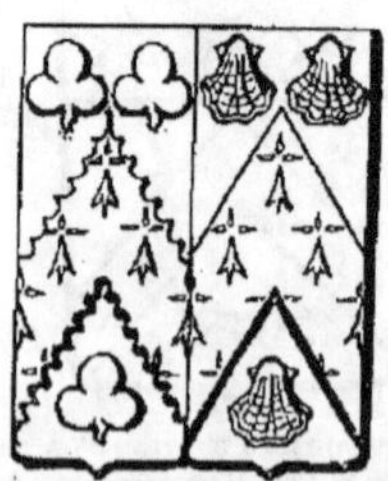

De sable, au chevron engrêlé d'hermines, accompagné de trois trèfles fichés, d'argent. — Accolé d'un écu : d'azur, au chevron d'hermines, accompagné de trois coquilles d'argent, 2 et 1, qui est TOWNSHEND.

DE LORME.
Berri.
Vers 1450. P. 58.

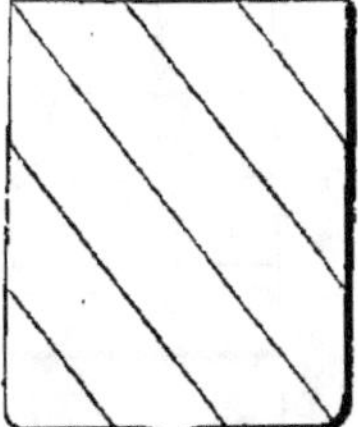

Bandé d'argent et de gueules de six pièces.

DE LORT.
Guienne et Languedoc.
25 octobre 1770. P. 70.

Parti : au 1, d'azur, au lion d'or soutenant d'une de ses pattes une étoile de même au canton dextre de l'écu, qui est DE LORT-SÉRIGNAN ; au 2, coupé, émanché de gueules et d'or : le 1 chargé de cinq étoiles d'or; le 2, de trois arbres arrachés de sinople, qui est de LORT-CABANAC.

DE LORT.
Guienne et Languedoc.
11 janvier 1825. P. 68.

Parti : au 1, d'azur, au lion d'or soutenant d'une de ses pattes une étoile de même au canton dextre de l'écu, qui est DE LORT-SÉRIGNAN; au 2, coupé, émanché de gueules et d'or : le 1 chargé de cinq étoiles d'or; le 2, de trois arbres arrachés de sinople, qui est de LORT-CABANAC.

DE LOUGÉS DE LA GASTEVINE.
Berri et Anjou.
2 février 1515. P. 145.

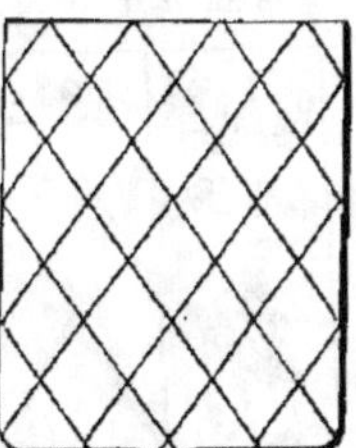

Losangé d'or et d'azur.

DE LOUSTEAU.
Guienne.
Juillet 1658. P. 99.

De gueules, à un chevron d'or, accompagné en chef de deux étoiles de même, et en pointe d'une tortue montante, d'argent.

DE LOUSTEAU.
Guienne.
Avant 1701, P. 101.

De gueules, à un chevron d'or, accompagné en chef de deux étoiles de même, et en pointe d'une tortue montante, d'argent.

DE LOYNES.
Orléanais.
Vers 1409. P. 41.

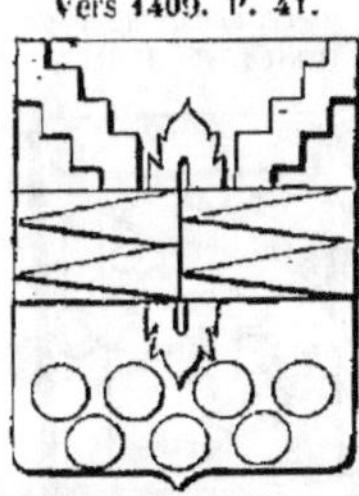

Coupé de gueules et d'azur : le premier chargé d'un chevron vivré et renversé, d'argent, soutenant un autre chevron vivré de même; et l'azur chargé en pointe de sept besants d'or, posés 4, 3 : une fasce gironnée et contre-gironnée d'or et d'azur, de dix pièces, brochant sur le tout. — *Alias* coupé : au 1, de gueules, à quatre sautoirs d'argent, à la fasce gironnée et contre-gironnée, de six pièces, brochant sur les sautoirs; au 2, d'azur, aux sept besants d'or, posés 4, 3.

DE LUCAS.
Gascogne.
Vers 1605 10. P. 60.

D'azur, à un taureau ailé, d'or; à un chef cousu de gueules, chargé de trois molettes d'or.

DE LUCAS.
Gascogne.
22 juin 1700. P. 100.

D'azur, à un taureau ailé, d'or; à un chef cousu de gueules, chargé de trois molettes d'or.

LOETTE DE LA HAYE-CHENEL
ET DE LA PILORGERIE.
Bretagne. 7 janvier 1723. P. 320.

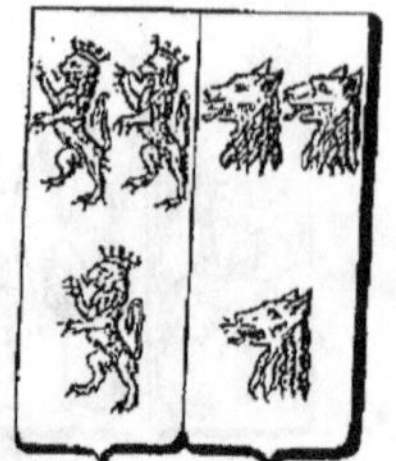

De gueules, à trois lions d'hermines, couronnés d'or. — Accolé
d'un écu : de sable, à trois têtes,
ou cols, de loup, arrachées, d'argent, et posées 2 et 1. — *Alias*
d'argent, à trois têtes de loup de
sable, arrachées de gueules, qui est
BRILLET.

MAHAUT, OU MAHAULT.
Bretagne.
Vers 1570. P. 277.

D'argent, au greslier (cor) de
sable, lié et enguisché de gueules,
accompagné de trois feuilles de
houx de sinople, la pointe en bas,
2 et 1.

DE MAISTRE DE LA PAPINIÈRE.
Poitou, Languedoc et Savoie.
25 janvier 1621. P. 259.

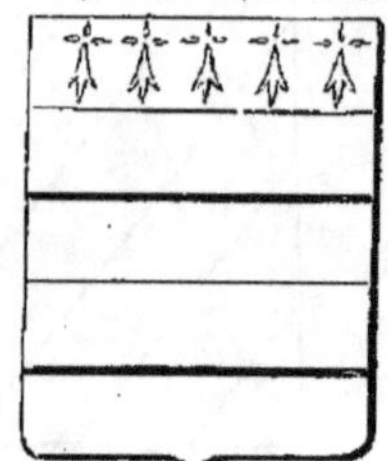

D'argent, à deux fasces de gueules, au chef chargé de cinq hermines de sable.

DU MANS.
Bretagne.
Vers 1075. P. 314.

D'or, à une fasce de gueules,
chargée de trois étoiles d'argent,
et accompagnée en pointe d'une
merlette de sable.

DE MARAS.
Lorraine et Guienne.
Vers 1642-50. P. 57.

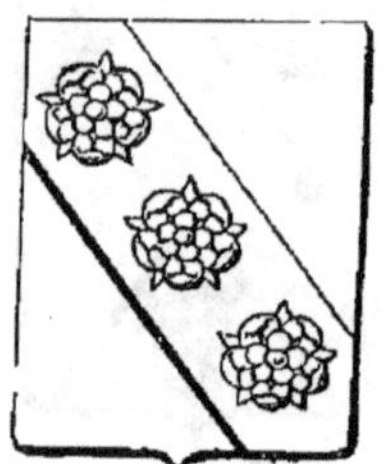

D'or, à une bande d'azur, chargée de trois roses d'argent.

MERCADÉE, OU MARCADÉ.
Berri et Bretagne.
Avant 1431. P. 39.

D'argent, à trois lionceaux mor-
nés, de gueules. — Accolé d'un
écu : d'or, au chevron d'azur, accompagné de trois hures de sanglier
de sable, qui est CHANTEPRIME.

DE MARGOET.
Guienne.
Vers 1618. P. 59.

D'argent, à la tête de Mauré ; au
chef de gueules, chargé de trois
étoiles d'argent.

MARKE DE LISKARD.
Angleterre.
Vers 1600. P. 423.

De gueules, à un lion rampant,
à l'orle de huit fleurs de lis d'or.

DE MARQUEZ.
Berri et Bretagne.
Avant 1547. P. 145.

Coupé : au 1, d'azur, au sautoir alaisé
d'or, accompagné de trois luisants de
même ; un en chef et deux aux flancs ; au
2, d'argent, au léopard de gueules ; à la
bordure d'argent, chargée de quatre annelets d'or, deux aux coins supérieurs et
deux aux flancs. — *Alias* six annelets en
orle.

MARTIN DE LA NEYRAUDIÈRE ★.
Poitou.
11 août 1681. P. 255.

D'azur, à une épée et un poignard d'argent en pal, accompagnés en chef d'une étoile, et en pointe d'un croissant aussi d'argent.

MARTIN.
Irlande et Angleterre.
2 juillet 1800. P. 442.

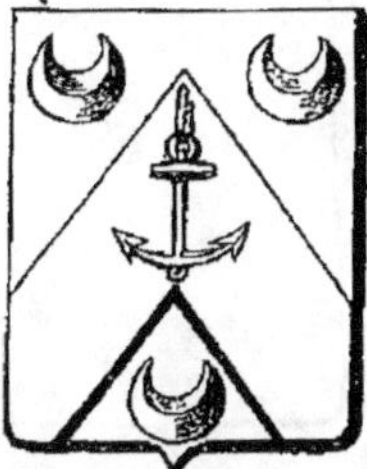

De gueules, au chevron d'argent, chargé d'une ancre avec son câble, en abîme, accompagné de trois croissants de même, 2 et 1.

MAUFRAS DE CHASTELIER.
Normandie et Bretagne.
29 décembre 1794. P. 571.

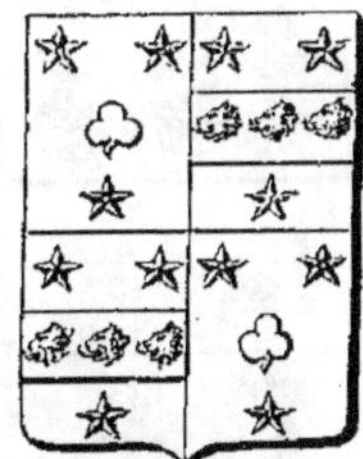

Écartelé : aux 1 et 4, de gueules, au trèfle de sinople, en abîme; accompagné de trois molettes d'or, 2 et 1, qui est MAUFRAS; aux 2 et 3, d'azur, à la fasce d'argent, chargée de trois têtes de lion de gueules, et accompagnée de trois molettes d'argent, posés deux en chef et une en pointe, qui est CORNEILLE.

DE LA MAZELIÈRE.
Guienne.
4 juillet 1752. P. 109.

D'or, à un chevron de gueules, accompagné de trois lions de sinople, deux en chef et un en pointe.

DE MELLIS.
Gascogne.
Vers 1640. P. 121.

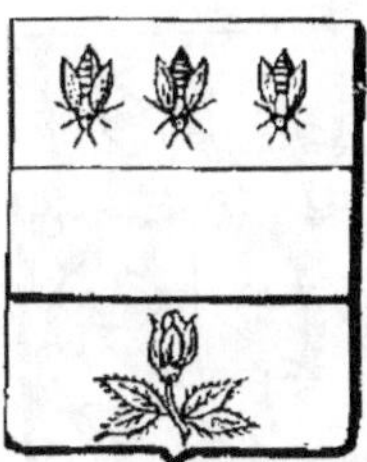

D'argent, à la fasce de gueules, accompagnée en chef de trois mouches à miel, posées en fasce, de sable, et en pointe d'un bouton de rose de gueules, tigé et feuillé de sinople.

LE MÉLOREL DE LA BINTINNAIS
ET DE LA HAICHOIS.
Bretagne. 30 sept. 1688. P. 319.

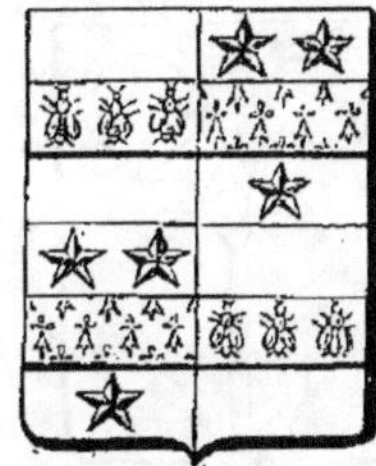

Écartelé : aux 1 et 4, de gueules, à la fasce d'argent, chargée de trois mouches à miel de sable, qui est LE MÉLOREL; aux 2 et 3, d'azur, à la fasce d'hermines, accompagnée de trois étoiles d'argent, deux en chef et une en pointe, qui est DES GRÉES DE LESNÉ.

DE MÉRAT DE SAINT-LUC
(OU LE MAIRAT).
Champ., Poit., Gui. V. 1570. P. 120.

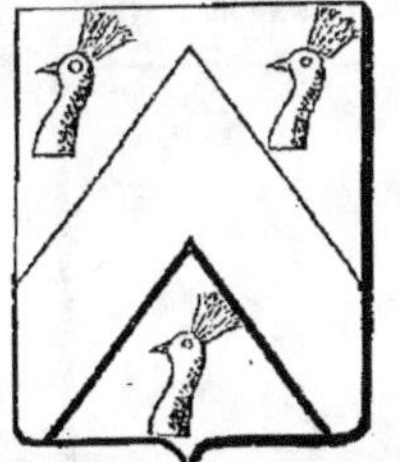

D'or, au chevron d'azur, accompagné de trois têtes de paon de même, deux en chef et une en pointe.

DES MERCIERS DE LONGUEVILLE.
Bretagne.
3 juillet 1755. P. 330.

D'argent, à trois merlettes de sable, 2 et 1.

MERLIN.
Lorraine et Guienne.
21 juillet 1041. P. 57.

D'azur, à une fasce d'argent, accompagnée de trois corbins (ou corbeaux) de même, becqués de gueules, deux en chef et un en pointe.

MESCHIN *.
Saintonge et Limousin.
Avant 1493. P. 219.

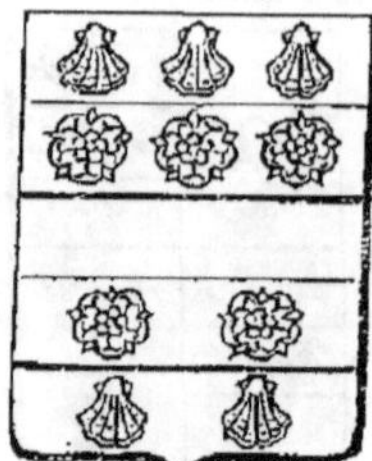

D'azur, à deux fasces d'or, accompagnées de cinq coquilles d'argent, trois en chef et deux en pointe, les fasces chargées de cinq roses de gueules, pointées de sinople, posées trois sur la première et deux sur la seconde.

MODORIER.
Berri.
Vers 1447-50. P. 151.

Inconnu.

DE MONS D'ARDENNES.
Périgord et Guienne.
13 juillet 1579. P. 55.

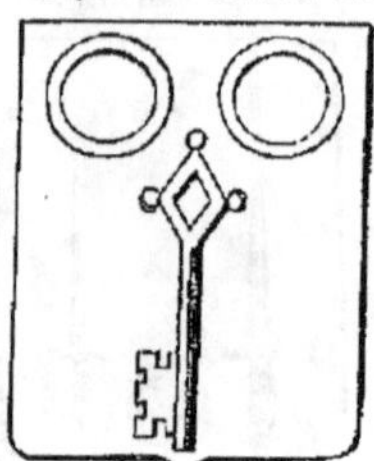

D'argent, à deux annelets de gueules en chef, et une clef de même en pointe.

DE MONS D'ARDENNES.
Guienne.
Vers 1680. P. 59.

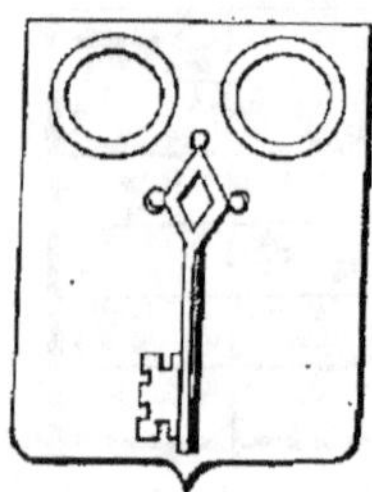

D'argent, à deux annelets de gueules en chef, et une clef de même en pointe.

DE MONTREUIL,
OU MONTREUIL DE LA CHAUX.
Perche. 1er août 1655. P. 205.

D'argent, aux trois massacres de cerf, de sable. — Accolé d'un écu : de gueules, à un lion d'or, qui est DE MONDOT.

MOREAU DE LA MAISON-NEUVE.
Berri.
Après 1557-60. P. 52.

De sinople, à une fasce ondée d'argent ; au chef d'or, chargé d'une tête de Maure au naturel, colletée et perlée d'argent.

MOREAU *.
Poitou.
Avant 1529. P. 220.

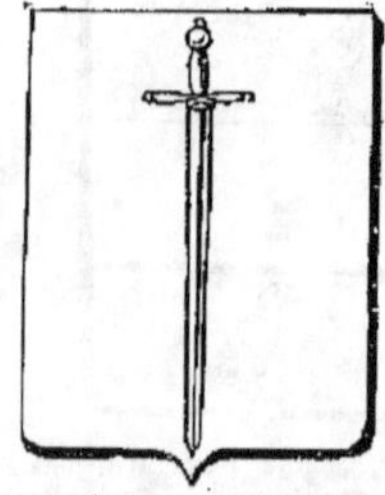

De gueules, à une épée d'argent en pal, garnie d'or, la pointe en bas. — Alias de gueules, à une épée d'argent, la garde et la poignée d'or.

MOREAU DE LA PERRINE.
Ile-de-France et Touraine.
17 juillet 1704. P. 103.

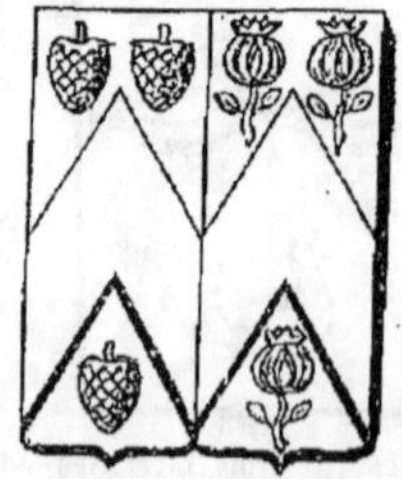

D'azur, au chevron d'or, accompagné de trois mûres de même (alias trois têtes de Maure au naturel, tortillées d'argent). — Accolé d'un écu : d'azur, au chevron d'or, accompagné de trois grenades ouvertes de même, qui est HÉRON.

MORELON.
Berri.
Vers 1490. P. 139.

Inconnu.

MORIN *.
Anjou, Maine et Poitou.
Avant 1404. P. 219.

D'or, à trois fasces de sinople.

DE LA MOTTE-FOUQUÉ.
Anjou et Maine.
26 septembre 1566. P. 192.

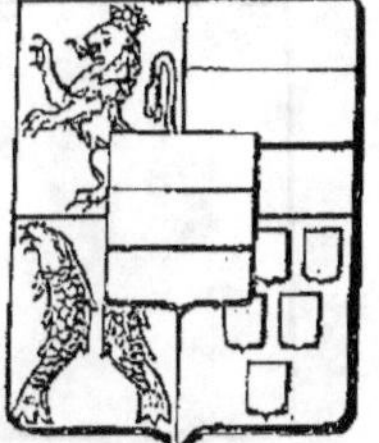

Écartelé : au 1, d'argent, au lion de
gueules, armé et couronné d'or, qui est
DE GRUCKLIN ; au 2, d'argent, à la fasce
de gueules, qui est SAINT-MAURE ; au
3, de gueules, à deux bars adossés, d'or,
qui est DE MONTFAUCON ; au 4, d'or, à
six écussons de gueules, posés 3, 2 et 1,
qui est DE MATHÉFÉLON ; sur le tout,
de sable, à la fasce d'or, qui est DE
LA MOTTE-FOUQUÉ.

DU MOUSTIER.
Berri.
Vers 1376. P. 38.

De gueules, à la croix patée
d'argent.

DU MOUSTIER.
Berri.
Vers 1410-5. P. 42.

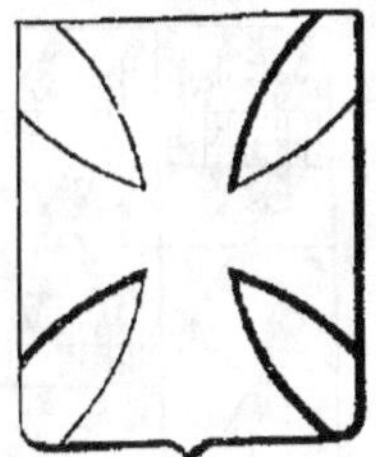

De gueules, à la croix patée
d'argent.

DU MOUSTIER.
Berri.
Vers 1460. P. 140.

De gueules, à la croix patée
d'argent.

MYGET *.
Poitou.
Avant 1584. P. 230.

D'azur, au chevron d'or, accompagné en chef de deux étoiles, et
en pointe d'une tête de lion de
même.

DE NEPVEU,
Maine.
9 novembre 1730. P. 167.

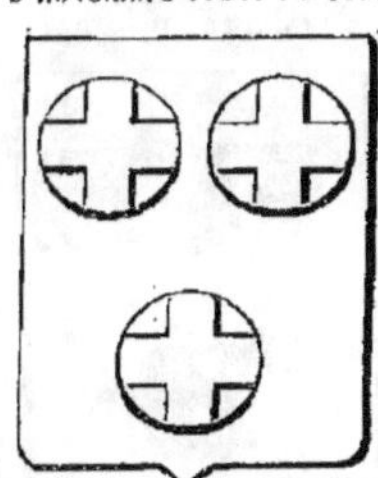

D'azur, aux trois besants d'or,
posés 2 et 1, chargés chacun d'une
croix de sable.

DE NEYRAC, OU DE NÉRAC.
Guienne.
Vers 1659. P. 121.

Inconnu.

DE NOGEROLLES DE LA MOTTE.
Languedoc et Guienne.
18 novembre 1742. P. 70.

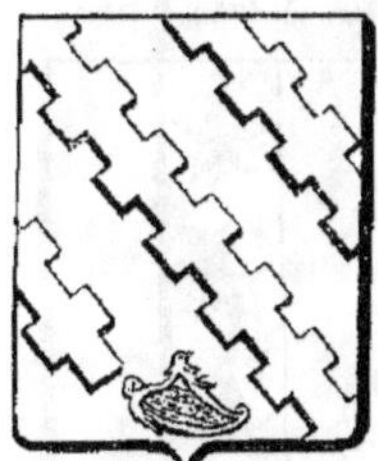

De gueules, à trois bandes bre-
tessées et contre-bretessées d'argent ; une harpe en pointe. — *Alias*
de gueules, à trois bandes d'argent.

DE NOUAULT DE RIMER.
Maine.
24 août 1551. P. 158.

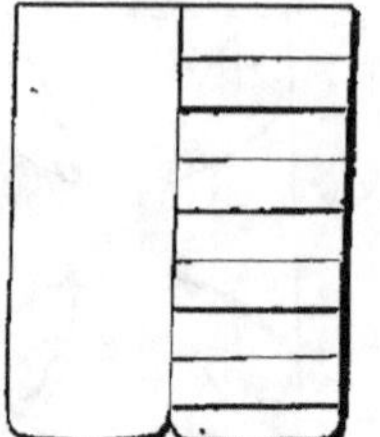

De............ (Inconnu.)—
Accolé d'un écu : d'argent, à quatre
fasces d'azur, qui est DE GIROIS.

DE NOYAN, OU NOYAU.
Maine.
Avant 1608. P. 195.

Inconnu.

OGIER.
Berri et Maine.
Vers 1475-80. P. 152.

D'argent, à trois trèfles de sable,
2 et 1.

D'ORLÉANS.
Orléanais, Berri et Gascogne.
Vers 1640. P. 57.

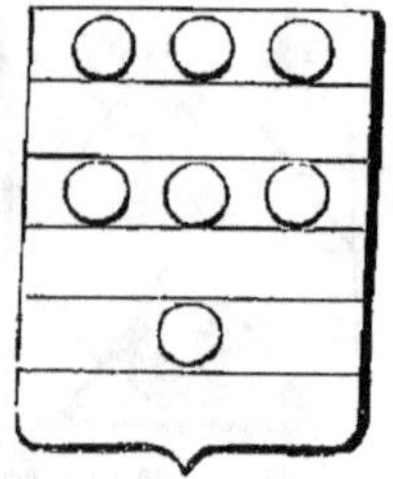

Fascé d'argent et de sinople,
l'argent chargé de sept tourteaux
de gueules, 3, 3 et 1.
(Ce blason est douteux en Gascogne.)

PARIS DE SOULANGE.
Bretagne.
Vers 1685. P. 204.

D'argent, à la croix pleine de
gueules, cantonnée de quatre lionceaux affrontés de même (alias la
croix alaisée).

PARK.
Écosse.
1816. P. 445.

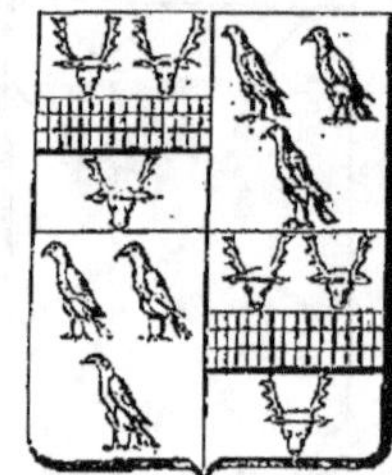

Écartelé : aux 1 et 4, d'or, à la
fasce échiquetée d'argent et de
gueules, accompagnée de trois massacres de cerf de gueules, deux en
chef, un en pointe, qui est PARK ;
aux 2 et 3, de gueules, aux trois
faucons au naturel, posés 2, 1, qui
est ATHUTON.

DE PARSEVAL *.
Perche et Ile-de-France.
15 août 1750. P. 132.

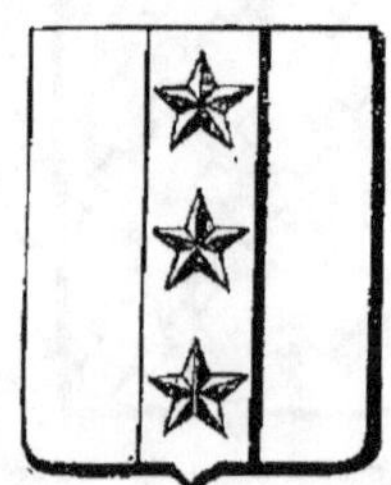

D'argent, au pal de sable, chargé
de trois étoiles d'argent.

PASQUIER DE MOYRÉ *.
Poitou, Saintonge et Maine.
Vers 1476. P. 227.

De gueules, au chevron d'or,
accompagné en chef de deux croissants d'argent, et en pointe d'une
tête de licorne de même.

PASTOUREAU *.
Poitou.
1500-10. P. 230.

De sinople, à trois béliers d'argent, 2 et 1.

LE PÈLERIN-SUR-LOIRE.
Comté Nantais et Angleterre.
Vers 1040-49. P. 6.

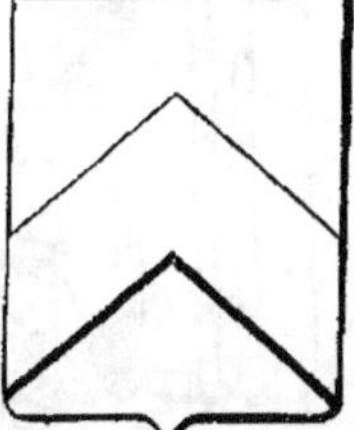

D'or, au chevron d'azur.

(Ces armes, portées en Angleterre, lors de la conquête (1066) par Robert Bastard, qui les tenait d'Orhuande du Pèlerin, sa mère, sont devenues celles de sa postérité.)

LE PELETIER.
Bretagne, Anjou et Maine.
11 octobre 1622. P. 200.

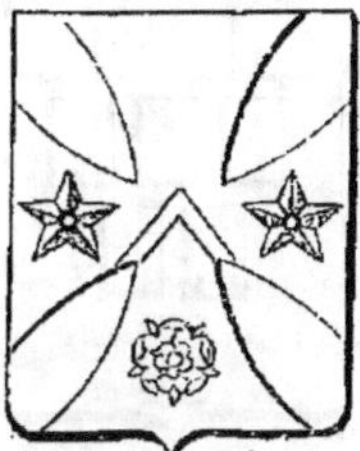

D'or, à la croix patée d'argent, chargée en cœur d'un chevron de gueules, accoté de deux molettes d'éperon de sable sur le travers de la croix, et accompagné en pointe d'une rose de gueules, boutonnée d'or.

PELLORDE DE COULOGNE.
Berri.
1550. P. 34.

D'or, à l'aigle d'empire. — *Alias* d'or, à l'aigle de sable.

PELLORDE DE COULOGNE.
Berri.
1320. P. 56.

Écartelé: aux 1 et 4, d'or à l'aigle d'empire, qui est PELLORDE; aux 2 et 3, de gueules à l'aigle d'or, cantonnée de quatre (*alias* de cinq, *alias* de six) croisettes recroisettées d'or. — *Alias* de gueules, semé de croix recroisettées d'or, à l'aigle de même, qui est PELOURDE.

PELLORDE DE COULOGNE.
Berri.
1400-5. P. 41.

D'or, à l'aigle d'empire. — *Alias* d'or, à l'aigle de sable.

PELLORDE DE CROSSES.
ET DE LA VOUTE.
Berri. Vers 1265-70. P. 35.

D'or, à l'aigle d'empire. — *Alias* d'or, à l'aigle de sable.

PELLORDE DE LA MONNAIE.
Berri.
Vers 1420-30. P. 41.

D'or, à l'aigle d'empire. — *Alias* d'or, à l'aigle de sable.

PÈLOUSSEL.
Bretagne.
Vers 1480-1. P. 347.

Inconnu.

DE PERCIN DE LARRET
ET DE LILLANGES.
Gasc. et Laug. 11 juin 1600. P. 67.

D'azur, à un cygne d'argent sur une rivière de même, surmontée de trois molettes d'or, rangées en chef.

DE PÉRÈS.
Guienne et Languedoc.
Vers 1618. P. 57.

D'or, au chevron de gueules, accompagné en pointe d'un poirier de sinople, fruité du champ; au chef d'azur, chargé de trois étoiles d'argent.

DU PERRIER.
Bretagne.
Vers 1520. P. 276.

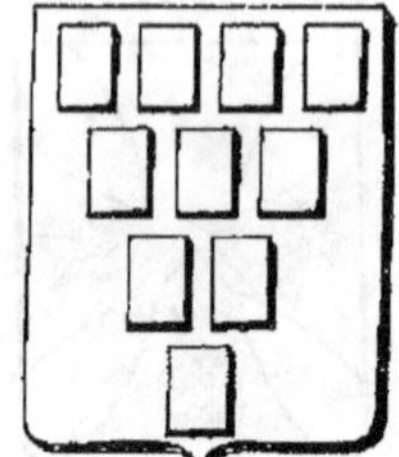

D'azur, à dix billettes d'or, 4, 3, 2, 1.

DE PÉRUSSE DES CARS.
Limousin et Poitou.
18 juillet 1844. P. 89.

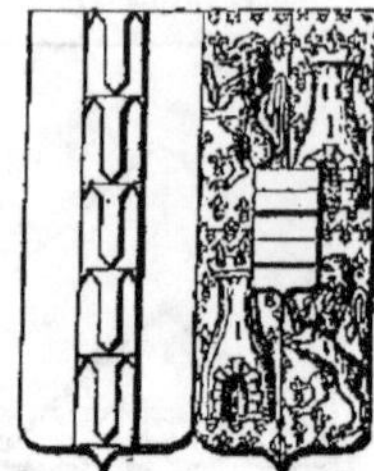

De gueules, au pal de vair. — Accolé d'un écu écartelé : aux 1 et 4, de gueules, au lion rampant d'or, semé de fleurs de lis de même (*alias* semé de France, au lion de gueules), qui est DE MONTSOREAU ; aux 2 et 3, d'azur, à la tour d'argent, semé de fleurs de lis d'argent, qui est DE TOURZEL ; sur le tout, d'argent, à deux fasces de sable, qui est DE SOUCHES.

DU PESCHIN.
Berri et Bourbonnais.
Vers 1508-10. P. 145.

D'argent, coupé d'azur, à la croix ancrée sur le tout ; coupé de gueules sur argent, et d'argent sur azur.

DE PINEY.
Guienne et Forest.
Vers 1592-1600. P. 122.

D'azur, à trois pommes de pin renversées, d'or.

(Ce blason laisse quelque doute.)

DE PIOGER.
Bretagne.
13 septembre 1836. P. 335.

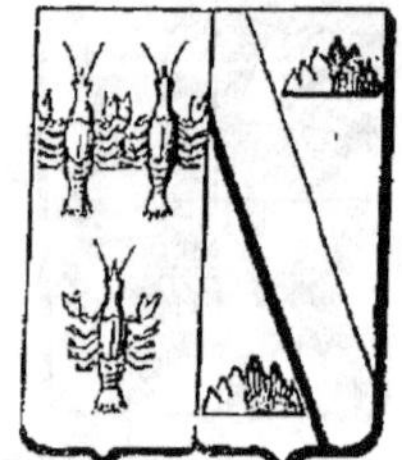

D'argent, à trois écrevisses de gueules, montantes, en pal, posées 2 et 1. — Accolé d'un écu : d'azur, à la bande d'or, accotée de deux monts de six coupeaux d'or, qui est DE MONTI.

DE PLOUAYS DE ROUGUEUL.
Bretagne et Poitou.
14 janvier 1747. P. 522.

D'argent, à trois chevrons de gueules. — Accolé d'un écu : d'argent, à trois bandes de gueules, chargées d'une fasce de même, brochant sur le tout, qui est DE LA BINTINAIS.

(Ce premier blason est douteux, étant dans la partie de l'Armorial de 1696 consacrée aux défaillants.)

DE PLOUER DE LA CHOPINIÈRE.
Poitou.
13 septembre 1566. P. 244.

D'azur, à un lion d'argent, couronné, lampassé et armé d'or, accompagné de trois étoiles de même, deux en chef, une en pointe.

DU PLOYER DE LA BARESTE.
Poitou.
Vers 1520. P. 240.

De gueules, au lion d'argent, couronné d'or, accompagné de cinq quintefeuilles de même.

DE POISSON.
Languedoc et Auvergne.
Vers 1753-5. P. 127.

D'azur, à un chevron d'or, accompagné en chef de deux étoiles de même, et en pointe d'un dauphin d'argent, arrêté et barbé de sable. — *Alias* de gueules, à deux fasces ondées d'argent, à deux bars d'argent en chef.

POLLEXFEN DE KITLEY.
Angleterre.
Vers 1692-4. P. 450.

Écartelé : aux 1 et 4, d'argent, au lion rampant de gueules; aux 2 et 3, d'azur plein.

DE POMARÈDE.
Guienne et Languedoc.
28 avril 1624. P. 123.

D'or, au lion de gueules, au chef d'azur.

DE PONTLEVOY DU PETIT-CHATEAU.
Touraine et Poitou.
5 décembre 1595. P. 251.

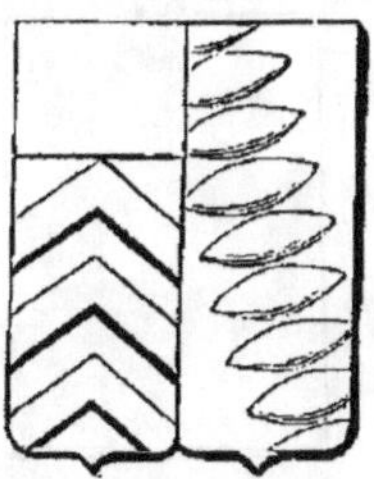

D'argent, à trois chevrons de sable, au chef de gueules. — Accolé d'un écu : de sable, à la bande fuselée d'argent, qui est DE BROC.

DE PORCARO.
Bretagne.
Vers 1598-9. P. 282.

De gueules, au héron d'argent, becqué et membré de sable.

DE LA PORTE.
Bretagne.
Vers 1240-5. P. 270.

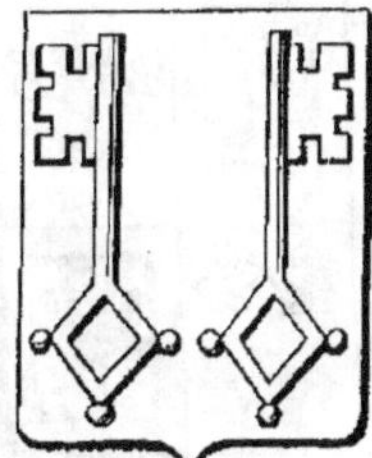

D'azur, aux deux clefs adossées d'argent.

POT DE FUSSY.
Berri.
Vers 1255-60. P. 55.

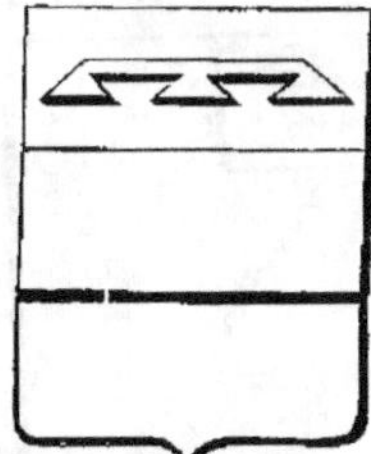

D'or, à la fasce d'azur, au lambel de gueules en chef — *Alias* sans lambel.

POULETT.
Angleterre et Picardie.
24 mai 1724. P. 452.

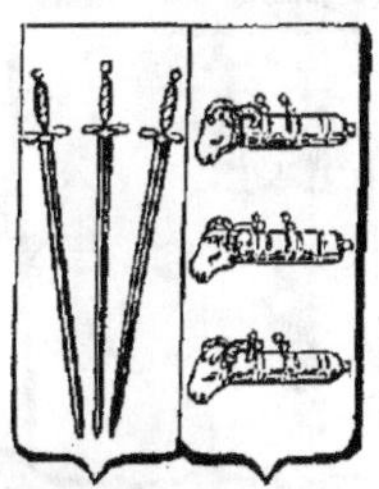

De sable, à trois épées d'argent, la garde et la poignée d'or, une en pal au milieu, et les deux autres en bande et en barre, la pointe en bas. — Accolé d'un écu : d'argent, aux trois têtes de bélier d'azur, l'une sur l'autre, armées et garnies d'or, qui est BERTIE (des ducs d'Ancaster).

DE POULPIQUET DU HALGOUET.
Bretagne.
1er avril 1807. P. 554.

D'azur, à trois palerons (*alias* poules) d'argent, becqués et membrés de gueules. — Accolé d'un écu : d'argent, fretté de gueules, de six pièces ; au chef de même, chargé de trois trèfles d'or, qui est PICAULT DE MORFOUASSE.

POWNOLL DE SHARPHAM.
Angleterre.
Vers 1780. P. 444.

D'argent, au lion de sable, moucheté d'hermines d'or, chargé sur le flanc d'un écusson carré, d'argent, à la croix de sable. — Accolé d'un écu : de.... ... au sapin de .... accolé d'un serpent et d'un oiseau de.......... qui est MAGENDI.

DU PRAT.
Guienne.
10 novembre 1801. P. 69.

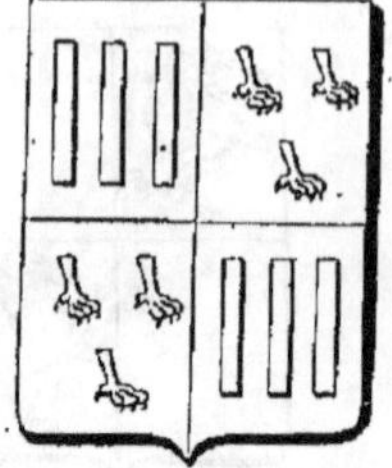

Écartelé : aux 1 et 4, d'azur, à trois pals diminués, ou alésés, d'argent ; aux 2 et 3, de pourpre, aux trois membres de griffon d'or.
(Ce blason laisse quelque doute.)

DU PRÉ.
Guienne.
1601. P. 120.

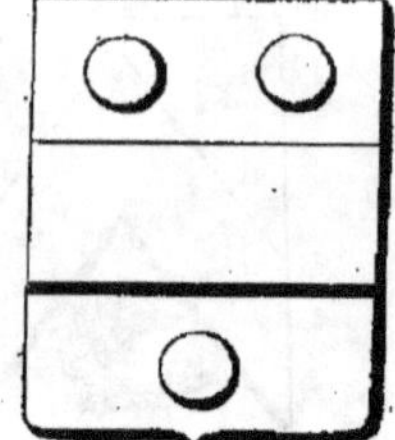

D'azur, à la fasce d'argent, accompagnée de trois besants d'or, deux en chef et un en pointe. — *Alias* accompagnée de deux besants..

LE PRÉVOST DE KERAMBASTARD.
Bretagne.
Vers 1430-40. P. 274.

Écartelé : aux 1 et 4, d'or, au lion de gueules, orné d'azur, bordé de même ; aux 2 et 3, d'azur, à trois quintefeuilles d'argent.

PRIGMANIER.
Bretagne.
Vers 1625-30. P. 344.

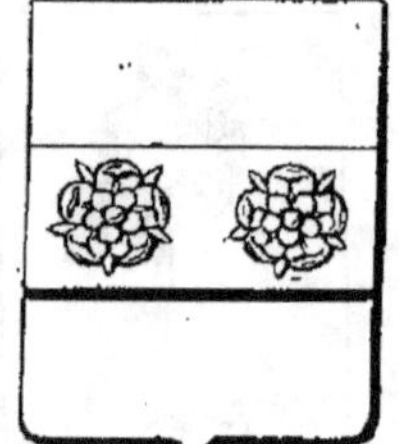

D'azur, à une fasce d'argent, chargée de deux roses de gueules.

PROUHET DE KERAMBOURG.
Bretagne.
Mai 1795. P. 574.

Inconnu.

DU PUY-PALHIER *.
Poitou.
Vers 1450-5. P. 227.

D'azur, à l'aigle d'argent, à la bordure de gueules, chargée de quatorze fleurs de lis d'argent.
(Ce blason laisse quelque doute.)

LE QUERRÉ.
Bretagne.
8 janvier 1691. P. 556.

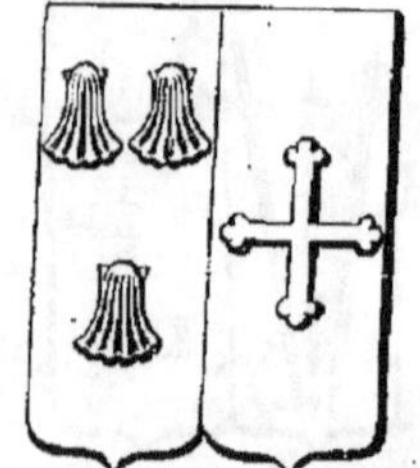

D'or, à trois coquilles de gueules. — Accolé d'un écu : de......., à la croix tréflée de........, qui est BIGER.
(Ces blasons laissent quelque doute.)

RADCLYFFE DE WARLEGH HOUSE.
Angleterre.
12 septembre 1721. P. 434.

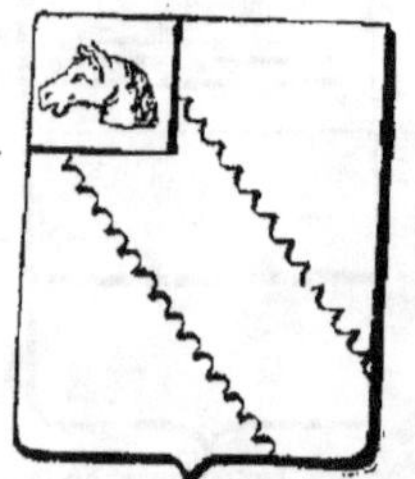

D'argent, à la bande engrêlée, ou dentelée de sable. — Brisé, pour les seigneurs de Warlegh, d'une tête de cheval, au canton dextre.

DE RAYMOND.
Guienne, Agenois et Languedoc.
3 février 1722. P. 106.

Losangé d'or et d'azur. — *Alias* (pour les branches établies en Agénois). — Écartelé : au 1, d'azur, à la croix alésée d'argent ; au 2, losangé d'or et d'azur ; au 3, de gueules, à la cloche d'argent ; au 4, d'azur, à la mappemonde d'argent.

DE RAZÈS.
Comté de Foix, Berri et Poitou.
Vers 1520. P. 221.

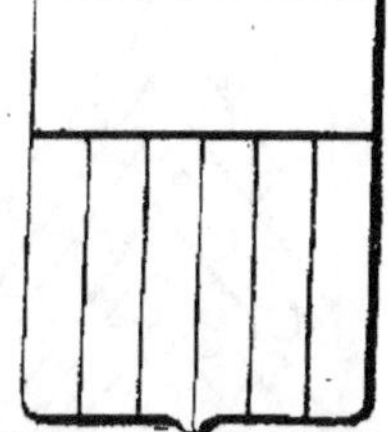

Palé d'argent et de gueules de six pièces ; au chef d'or. — *Alias* d'or et d'azur ; *alias* d'azur et de gueules.

DE RÉRÉSIES DE LA ROUQUETTE.
Guienne.
15 janvier 1617. P. 61.

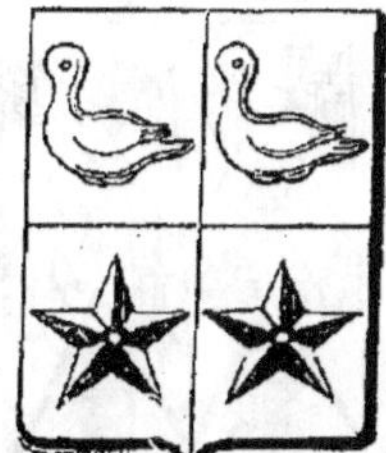

Écartelé : aux 1 et 2, d'une merlette ; aux 3 et 4, d'une molette (émaux inconnus).
(Ce blason laisse quelque doute.)

DE RÉDON.
Guienne.
19 août 1708. P. 109.

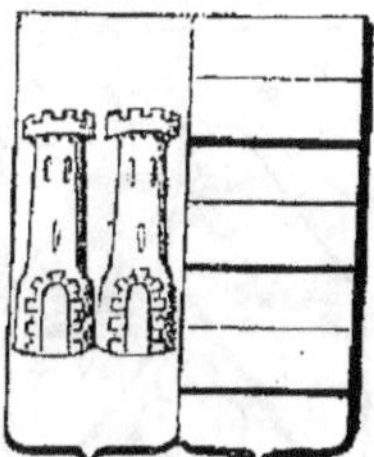

D'azur, à deux tours d'argent, posées l'une à côté de l'autre. — *Alias* en pointe : un croissant surmonté de trois étoiles en fasce. — Accolé d'un écu : d'or, à trois fasces de gueules, qui est DE GOÛT, ou DE GOTH.

RÉGNAUDIN *.
Comté Nantais.
Vers 1590-5. P. 291.

D'or, au laurier à trois branches de sinople, terrassé de même, accosté de deux tourterelles affrontées de sable.

REICZACT.
Bretagne.
Vers 1459. P. 286.

Inconnu.

DE REY.
Guienne.
Vers 1640-4. P. 121.

D'or, à un lion de gueules, armé et lampassé de même, et un chef d'azur, chargé d'un croissant d'argent, accolé de deux étoiles de même.

REYNELL DE MALSTON.
Angleterre.
Vers 1610. P. 425.

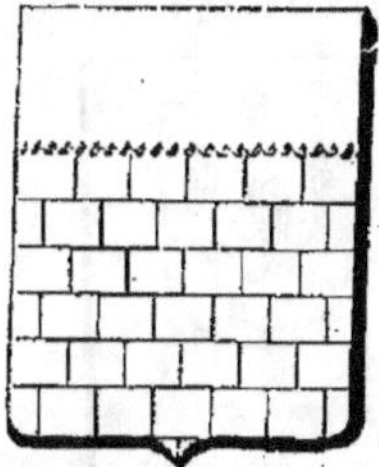

D'argent, maçonné de sable ; au chef dentelé de sable.

RICARDO.
Angleterre.
5 octobre 1841. P. 435.

De gueules, à la bande vairée de sinople entre trois gerbes d'or, posées 2 et 1 ; au chef d'hermines, chargé d'un roc d'échiquier entre deux besants de sable.

RICHER DE MONTRÉARD.
Maine.
26 février 1770. P. 180.

D'argent, au chevron de gueules,
chargé de trois croisettes d'argent,
accompagné de trois roses de gueules
(*alias* bluets), branchées et feuillées
de sinople.—Accolé d'un écu : d'azur,
au chevron d'argent, chargé de cinq
mouchetures d'hermines, et accompagné de trois demi-vols d'argent,
qui est LESCHASSIER DE MÉRY.

RICHER, OU RICHIER *
DE LA CONTARDIÈRE. Poitou et
Normandie. Av. 1570. P. 255.

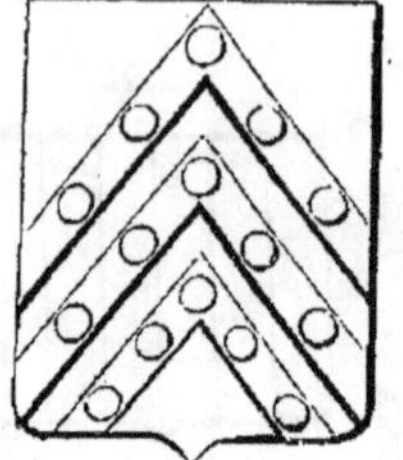

D'or, à trois chevrons d'azur
chargés, chacun, de cinq besants
d'or.

(Ce blason laisse quelque doute en
Poitou.)

RIOU.
Bretagne.
1595-1600. P. 255.

D'argent, à une fasce de gueules,
surmontée d'une merlette de même.

(Ce blason laisse quelque doute.)

DE LA RIVIÈRE.
Comté Nantais.
Vers 1390-1400. P. 19.

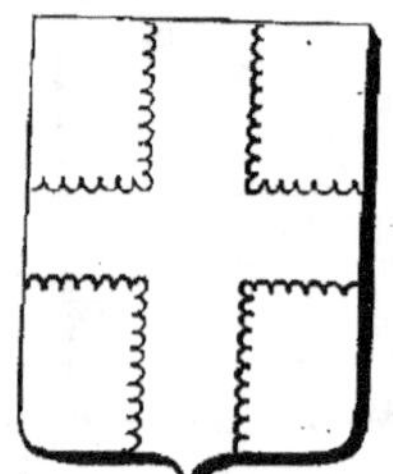

D'azur, à une croix engrêlée d'or.

ROBINAULT DE LA MOLLIÈRE.
Bretagne.
Vers 1716-20. P. 324.

De sable, à l'aigle éployée d'argent, berquée et membrée d'or.

DE RODIER DU PUECH.
Auvergne, Languedoc et Ile-de-Fr.
En 1795. P. 110.

D'argent, au chevron de gueules,
chargé de trois molettes d'éperon
d'or, accompagné de trois trèfles de
sinople, 2 et 1.

(Ce blason est incertain pour les branches établies en Languedoc.)

RODNEY.
Angleterre.
22 janvier 1821. P. 440.

D'or, à trois aigles de sable, 2 et
1. — Accolé d'un écu : d'or, à la
bande coticée de sable, qui est
HARLEY (des ducs d'Oxfort).

ROGIER DU CRÉVI.
Bretagne.
Vers 1390-1400. P. 278.

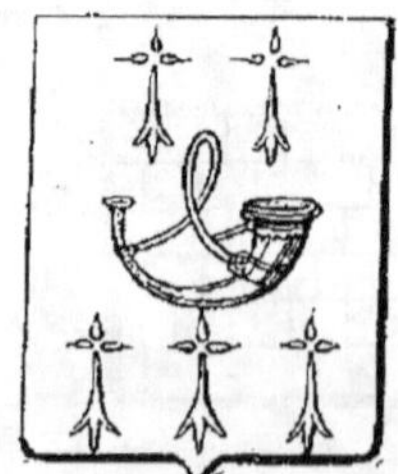

D'argent, au greslier (cor) de
sable, orné de gueules, accompagné
de cinq mouchetures d'hermines,
deux en chef et trois en pointe.

DE ROLAND.
Berri.
Vers 1414-18. P. 158.

De gueules, au griffon volant,
d'or, accompagné de trois étoiles
d'argent, deux en chef et une en
pointe. — *Alias* d'argent, au griffon
d'azur, accompagné de trois molettes de même.

DE ROLAND DU COUDRAY.
Berri.
En 1440. P. 141.

De gueules, au griffon volant, d'or, accompagné de trois étoiles d'argent, deux en chef et une en pointe. — Accolé d'un écu : d'azur, à deux lions affrontés d'or, entre-supportant trois masses, ou tierce-coirs, d'argent; au croissant montant, de même, en pointe, qui est Macé.

DE ROLAND DU COUDRAY.
Berri.
Vers 1520-30. P. 144.

De gueules, au griffon volant, d'or, accompagné de trois étoiles d'argent, deux en chef et une en pointe. — Accolé d'un écu : d'azur, au lion d'or, lampassé et armé de même (*alias* au lion couronné). — *Alias* d'azur, à un lion échiqueté d'argent et de gueules qui est DE ROCHE-DRAGON.

DE ROLAND DE NIZEROLLES.
Berri.
29 décembre 1555. P. 52.

De gueules, au griffon volant d'or (*alias* d'azur), accompagné de trois étoiles (*alias* molettes) d'argent, deux en chef et une en pointe.

DE ROLAND DE NIZEROLLES.
Berri.
29 décembre 1555. P. 52.

De gueules, au griffon volant, d'or, accompagné de trois étoiles d'argent, deux en chef et une en pointe.

DE ROLAND DE RENGERVÉ.
Bretagne.
6 septembre 1836. P. 335.

D'argent, au chevron de gueules, accompagné de trois molettes de même. — Accolé d'un écu : d'argent, fretté de gueules de six pièces ; au chef de gueules, chargé de trois trèfles d'or, qui est PIGAULT DE LA POMMERAYE.

ROQUE DE LA MAUDIÈRE.
Berri.
Vers 1487. P. 218.

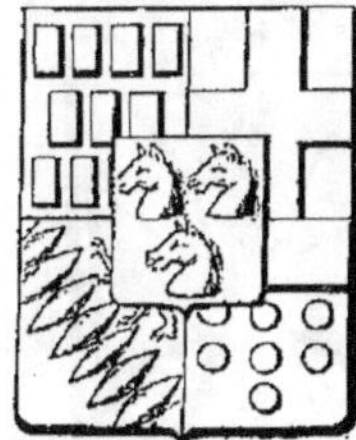

D'azur, au chevron d'or, accompagné de trois rocs d'argent.

ROUILLÉ *.
Touraine.
Vers 1613. P. 220.

D'azur, au chevron d'or, accompagné en chef de deux roses tigées et feuillées d'argent (*alias* d'or), et en pointe d'un croissant de même.

LE ROUX *.
Bretagne.
1560-70. P. 308.

Inconnu.

DE LA ROUVRAYE DE BRESSAULT.
Maine.
2 juillet 1775. P. 159.

Écartelé : au 1, d'azur, à onze billettes d'argent, posés 4, 3 et 4, qui est DE BEAU-MANOIR; au 2, de gueules, à la croix d'or, qui est LA CHAPELLE-RAINSOIN; au 3, d'argent, à la bande losangée de gueules, au lion de sable en chef, qui est DE COUR-SILLON-DANGEAU; au 4, d'azur, à sept besants d'or, posés 3, 3, 1, au chef de même, qui est DE MALON-ESPINOV; sur le tout, d'argent, à trois têtes de cheval, perçées du sable, qui est DE LA ROU-VRAYE DE BRESSAULT.

LE ROY DE VILLENEUVE.
Berri.
Vers 1420-25. P. 58.

De sable, à neuf tierces-feuilles
d'or, 3, 3, 2, 1. — *Alias* dix tierces-
feuilles, 3, 3, 3, 1.

LE ROY DE SAINT-FLORENT.
Berri.
Vers 1420. P. 213.

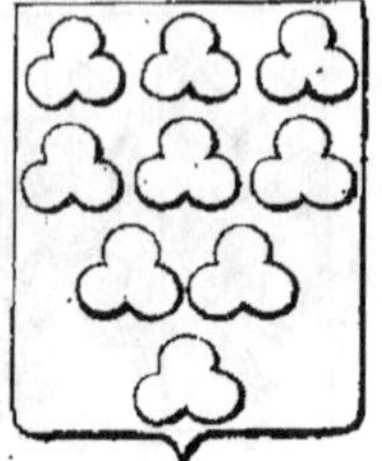

De sable, à neuf tierces-feuilles
d'or, 3, 3, 2, 1.

DE SAINT-RÉMY.
Normandie.
8 août 1661. P. 201.

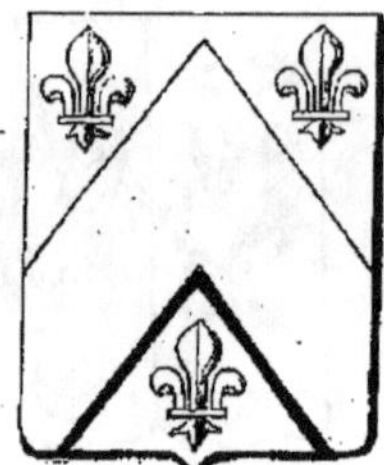

De sable, au chevron d'argent,
accompagné de trois fleurs de lis
d'or, 2 et 1.

LE SAGE DE PEYRAUBE.
Normandie et Béarn.
3 juillet 1838. P. 113.

D'or, à l'arbre de sinople, au
lévrier de sable, passant contre
l'arbre; au chef d'azur, chargé d'un
croissant d'argent entre deux étoiles
aussi d'argent.
(Les émaux de ce blason laissent
quelque doute.)

DE LA SALLE DE PREIGHE ET
DE VILLAUVAL. Guienne, Pª Messin,
Palatinat: 15 déc. 1809. P. 83.

Écartelé : aux 1 et 4. d'azur, au
lion passant d'or, qui est MARTIN DE
MARTINEFFORT; aux 2 et 3, de sable,
aux trois pals de gueules, au chef
endenché d'or, qui est DE DURAND
DE DIESTROFF; sur le tout, d'argent,
à la bande d'azur, chargée de trois
têtes de lion coupées d'or, qui est
DE LA SALLE DE PREICHE.

DE SARTA DE LUSLAGNES.
Gascogne et Languedoc.
Vers 1535. P. 54.

Écartelé : aux 1 et 4. de......,
à la croix fleuronnée et banderolée,
de.......; aux 2 et 3, de.......,
à la brebis passant (émaux inconnus).

DE SAVONNIÈRES.
Maine et Anjou.
Vers 1674-80. P. 199.

De gueules, à la croix patée et
alésée d'or.

DE SÉGRAIS DE HAUTBAIGNEUX.
Maine.
16 juillet 1595. P. 196.

D'azur, à la croix d'or, cantonnée
de seize (*alias* douze) trèfles d'argent, posés quatre à chaque quar-
tier. — Accolé d'un écu : de gueules, au lion d'or couronné, qui est
DE MONTECLERC.

SERVOT,
ou SERVANDE DE KERBIQUET.
Bretagne. Vers 1484. P. 288.

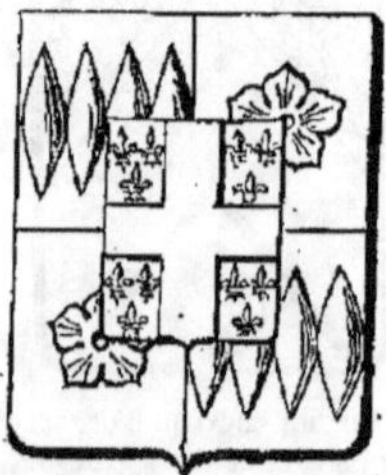

Écartelé : aux 1 et 4, de sable, à
quatre fascées accolées en fasce, d'or,
qui est SERVOT; aux 2 et 3 d'argent,
à une quintefeuille de sable, percée
d'argent, qui est DE KERBIQUET AN-
CIEN; sur le tout, de sable, à la croix
pleine d'argent, cantonnée de douze
fleurs de lis de même, qui est HU-
DELOR.

SEYMER *.
Angleterre.
Vers 1800. P. 414.

Écartelé : aux 1 et 4, d'or, au vol abaissé, de gueules, au chef de gueules, chargé de trois merlettes d'argent ; aux 2 et 5, de sinople, au chevron d'argent, chargé de trois molettes de sable, et accompagné de trois têtes de licornes d'argent, 2 et 1, qui est KER.

STOFFORD OU STAFFORD *.
Angleterre.
Avant 1279. P. 597.

D'or, au chevron de gueules.

DE SURREL DE CHATEAUNEUF.
Vélay.
27 septembre 1771. P. 126.

D'azur, au cygne d'argent, soutenu d'un croissant de même ; au chef d'argent, chargé de trois étoiles de gueules. — Accolé d'un écu : d'azur, à la fasce d'or, accompagnée de quatre fleurs de lis, trois en chef, rangées en fasce, et une en pointe, qui est DE BARBON.

DE LA TANNERIE.
Languedoc.
1740-5. P. 126.

De gueules, à un léopard, la queue lionée, d'argent ; au chef cousu d'azur, chargé d'un soleil d'or, accolé de deux trèfles de même.

LE TANNEUX DE SAINTE-FOY.
Bretagne.
16 décembre 1618. P. 310.

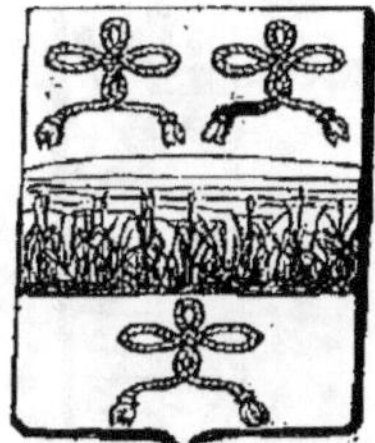

D'argent, à un étang d'azur, bordé de roseaux de sinople, posé en fasce, accompagné de trois nœuds, ou lacs d'amour, de gueules.

(Ce blason est douteux, car il ne se trouve que dans la partie de l'Armorial de 1596 consacrée aux défaillants.)

LE TAUT, ou DU TAUX.
Poitou.
Vers 1460-5. P. 45.

D'argent, à un bœuf passant, de gueules, surmonté d'un lambel de trois pendants de même ; à la champagne échiquetée d'azur et d'argent.

THIBAULT DE LA CARTE *.
Poitou.
Vers 1520. P. 228.

D'azur, à la tour crénelée d'argent.

THOUMAVREAU, ou TABOUREAU.
Poitou.
Après 1458. P. 233.

D'azur, à un chevron d'or, accompagné en chef de trois étoiles, placées 1 et 2, et en pointe d'un croissant aussi d'or.

(Ce blason laisse quelque doute.)

TOUPPEI, ou TOUPPET *.
Poitou et Lorraine.
Avant 1615. P. 251.

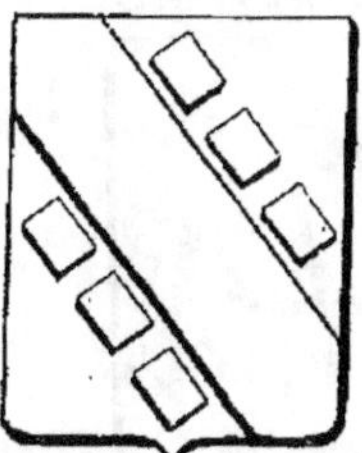

D'or, à une bande de gueules, côtoyée de six billettes d'azur, posées en bande.

(Ce blason laisse quelque doute en Poitou.)

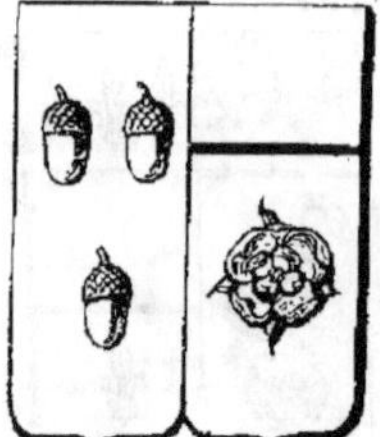

LE TRAON DE BELLAY.
Bretagne.
10 février 1755. P. 269.

De......, aux trois glands de
chêne de......., posés 2 et 1. —
Accolé d'un écu : de gueules, à la
rose d'argent, au chef de même,
qui est DANIEL DE KERSAUX.

DE TRÉMAUDAN.
Bretagne.
1805. P. 332.

De gueules, à la levrette (alias lévrier) passant, d'argent, accolée de
même, accompagnée, en pointe,
d'une molette aussi d'argent.

DE TRÉMAUDAN.
Bretagne.
Vers 1807-10. P. 332.

De gueules, à la levrette (alias lévrier) passant, d'argent, accolée de
gueules, accompagnée, en pointe,
d'une molette aussi d'argent.

THÉUMEL *.
Bretagne.
Avant 1550-60. P. 307.

Inconnu.

DE TURIN.
Perche.
15 décembre 1772. P. 176.

De gueules, à trois étoiles d'or, posées en chef. — Accolé d'un écu : écartelé, aux 1 et 4, d'azur, à deux fasces ondées d'argent, au chef de sable, chargé
de trois cavaliers, ou pions d'échecs, d'or,
qui est BESNART DE RÉZAY ; au 2, d'azur,
au chevron d'or, accompagné de trois coquilles d'or, 2 et 1, qui est FORGET DE
FRESSE ; au 3, d'azur, à la tour d'argent,
posée sur une montagne de sinople, qui
est DE FORTIA.

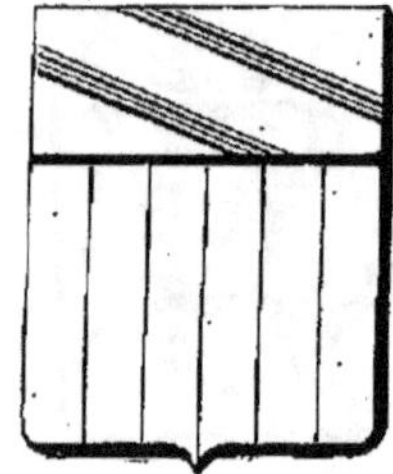

VACHEREAU DES CHENETS.
Maine.
16 juillet 1519. P. 156.

Palé d'or et d'azur de six pièces ;
au chef d'argent, chargé de deux
(alias trois) jumelles de gueules
posées en bande.

DE VACQUIER DE LA TUDE.
Guienne.
Vers 1558. P. 149.

D'azur, à une vache de gueules,
accornée d'or et clarinée de sable.

DE LA VALETTE DE LA GRUÉE.
Bretagne.
Vers 1743-4. P. 324.

D'argent, à trois hures de sanglier arrachées de sable.

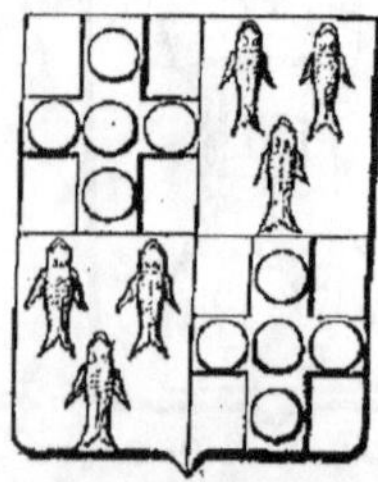

LE VAYER DE FONTENAY.
Maine.
20 octobre 1596. P. 160.

Écartelé : aux 1 et 4, de gueules,
à la croix d'argent, chargée de cinq
tourteaux de gueules, qui est LE
VAYER ; aux 2 et 3, d'or, aux trois
chabots de gueules, qui est CHABOT.
(Le P. de Varennes donne des blasons
différents ; nous pensons qu'il est dans
l'erreur.)

VÉZINET *:
Poitou.
Vers 1540-2. P. 251.

Inconnu.

VIAULT DE BÉGROLLES ET DE
BREUILLAC *.
Poitou, Vers 1605. P. 254.

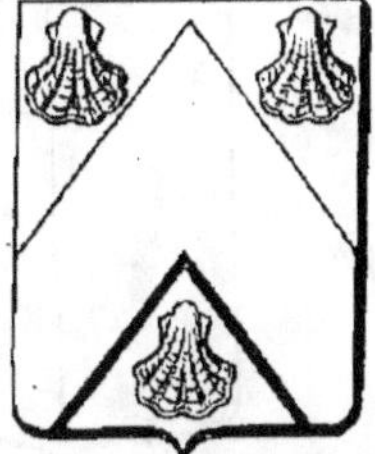

D'argent, au chevron de gueules,
accompagné de trois coquilles de
sable.

VIGIER *.
Poitou.
Vers 1576. P. 251.

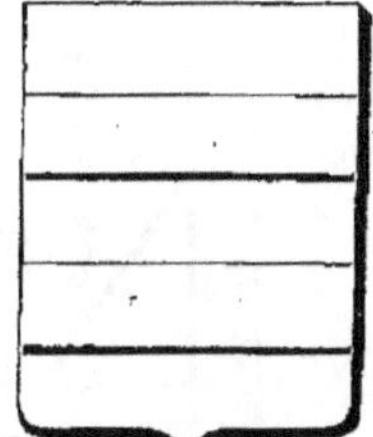

D'azur, à deux fasces d'or.

DE VILLARS.
Bourbonnais.
V. 1520-30. P. 55.

D'hermines, au chef de gueules,
chargé d'un lion issant d'argent.

DE VILLATE.
Guienne.
24 novembre 1694. P. 64.

De gueules, à une tour pavillon-
née d'argent, maçonnée, ajourée et
ouverte de sable, garnie de deux
guérites, ou tourelles, aussi d'argent, pavillonnées de même, et surmontées d'un croissant d'argent.

DE VILLIERS *
Poitou.
Vers 1577. P. 232.

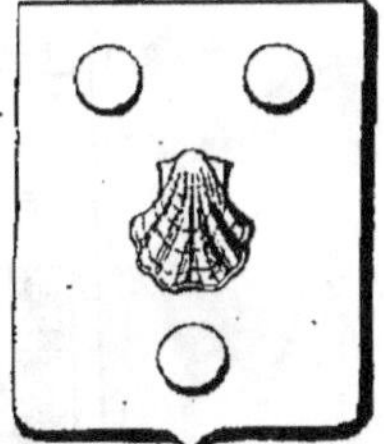

D'azur, à une coquille d'argent,
posée en cœur, accompagnée de
trois besants d'or, deux en chef et
un en pointe.

DE VILLIERS *.
Poitou.
Vers 1600-5. P. 251.

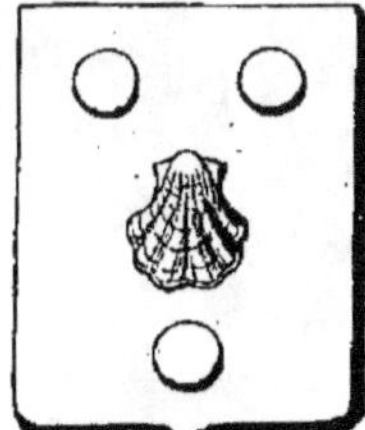

D'azur, à une coquille d'argent,
posée en cœur, accompagnée de
trois besants d'or, deux en chef et
un en pointe.

DE VIN DE BELLEVILLE
ET DE MALIGNY. Ile-de-France
et Bourgogne. 17 mai 1821. P. 92.

Écartelé : aux 1 et 4, d'argent, aux
trois grappes de raisin de sinople
(alias de gueules), au chef d'azur,
chargé d'un soleil d'or, qui est DE
VIN ; au 2, d'or, à la fasce d'azur,
accompagnée de trois aigles de sable,
qui est MÉLIN ; au 5, d'azur, au chevron de sable, accomp. de trois trèfles
de sinople, qui est LE COUTEULX.

DE VULCOB.
Berri.
Vers 1400-5. P. 45.

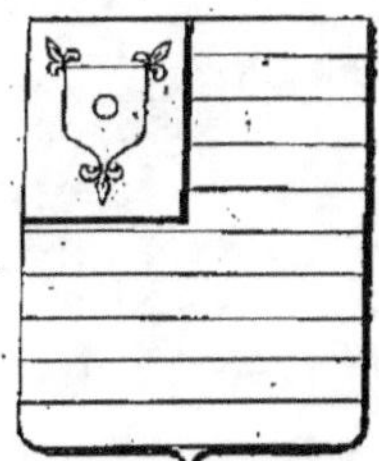

Burelé d'argent et de sable ; au
franc-quartier de gueules, chargé
d'un faux écu d'or, terminé ès cor-
nières dextre, sénestre, et en la
pointe, en fleurs de lis au pied
coupé, de même, surchargé d'un
tourteau d'azur en abîme.

WADE DE NEW-GRANGE.
Angleterre.
7 octobre 1817. P. 453.

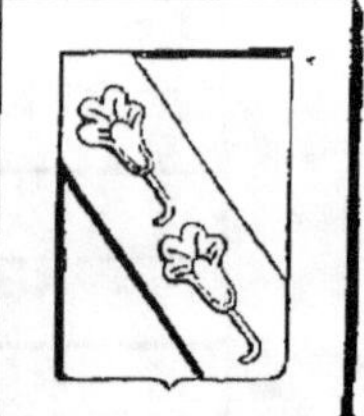

D'azur, à la bande d'or, chargée de deux œillets de gueules, l'écu entouré d'une bordure d'argent.

WALDEGRAVE DE CHEWTON.
Angleterre.
P. 454.

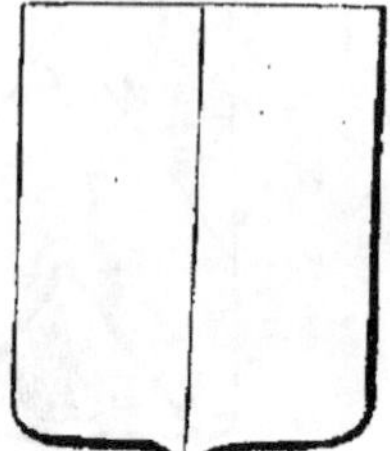

Parti : d'argent et de gueules.

WORSLEY.
Angleterre.
Vers 1754. P. 455.

D'argent, au chef de gueules.

WREY.
Angleterre.
Vers 1770-2. P. 456.

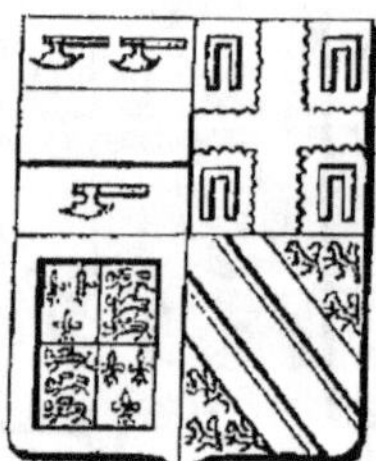

Écartelé : au 1, de sable, à la fasce d'argent, accompagnée de trois haches d'argent, emmanchées de gueules, qui est WREY; au 2, d'argent, à la croix engrêlée de gueules, entre quatre perdreaux de sable, qui est BODRUGAN; au 3, de FRANCE, écartelé d'ANGLETERRE, à la bordure d'argent, qui est PLANTAGENET; au 4, d'azur, à la bande d'argent, coticée d'or, entre six lions rampants, d'or, mis en orle, qui est BOURN.

N.....
Angleterre.
Vers 1780. P. 442.

D'argent, aux trois cœurs de gueules; celui d'en bas plus fort que les deux autres.

Le mode adopté pour ce genre d'Armorial n'a pas permis de placer dans leur ordre alphabétique cent seize Armoiries données en écartellement, ou accolées à un autre écu. La table suivante en facilitera la recherche. Quand un nom de famille renverra à un autre, le nom de la seconde famille indiquera toujours l'Écu de l'Armorial auquel il faudra recourir pour trouver les armes de la première.

Dans l'Armorial, un astérisque placé à côté du nom sert à distinguer la nature de l'alliance; dans la Table, le même signe désignera les Maisons étrangères, les Maisons françaises qui ont des branches en pays étranger, et celles auxquelles les auteurs attribuent une origine étrangère.

TABLE

DES

MAISONS NOMMÉES DANS L'ARMORIAL.

A.

D'AIGNAN D'ORBESSAN.
ALLARD DE BOIS-IMBERT.
ALLEAUME.
D'ALOIGNY.
D'ANDIGNÉ. — *Voyez* DE CHAMPLAIS.
D'ANDRÉ D'ESCALQUENS.
D'ANDRÉ DE LA FITTE.
D'ANGLETERRE (Maison royale). — *Voyez*
   HÉLE DE GNATON.
APAUPÉE.
D'ARQUIER.
D'ASPIS DE SAINT-CRICQ.
* AT-LEY.
* ATHETON. — *Voyez* PARK.
D'AUBIGNÉ. — *Voyez* D'ALOIGNY.
D'AUSMÉNIL. — *Voyez* LE GRIS DU VAL,
   en Normandie.
D'AUTERIVES DE CHÉNEVIÈRES.

B.

* BAMPFILDE DE HADDINGTON-PARK.
DU BAN DE SAINT-GERMAIN.
DE BARAGNES.
DE BARAULT DE SESMAYNES.
* DE BARBANÇON DE LONGUEVILLE.
DE BARBON. — *Voyez* DE SURREL DE CHA-
   TEAUNEUF.
BARDIN D'HERRY.
BARON.
BARRIN DE LA GALISSONNIÈRE.
DU BARRY DU COLOMÉ.
BASTARD-ANCIEN, en France.
BASTARD DE BASTARDIÈRE, au comté
   Nantais.
BASTARD DE CROSSES, en Berri.
BASTARD D'ELFORDE, en Devonshire.
   — *Voyez* LE PÉLERIN-SUR-LOIRE.
DE BASTARD D'ESTANG, en Armagnac et

à Paris. — *Voyez* BASTARD DE BAS-
   TARDIÈRE.
DE BASTARD DE LA FITTE, en Languedoc.
DE BASTARD DE FONTENAY, au Maine.
DE BASTARD DE FONTENAY. — *Voyez*
   aussi DE LEUZE DE SAINT-DÉSÉRY.
DE BASTARD DE FESSY, en Berri.
BASTARD DE KITLEY, en Devonshire.
   — *Voyez* LE PÉLERIN-SUR-LOIRE.
DE BASTARD DE SAINT-DENIS, en Age-
   nois et en Guienne.
BASTARD DE SOULANGIS. — *Voyez* AL-
   LEAUME.
DE BASTARD DE VIDALOT, en Armagnac.
DE BASTARD DE VILLENEUVE et DE BÉAR-
   LAC, en Bretagne.
DE BASTIDE D'IZAR.
DE BATZ DE TRANQUELLÉON. — *Voyez*
   DE LARY DE LA TOUR.
DE BAUSSEN. — *Voyez* CHALMEL DES
   MOULINS.
DE BEAUMANOIR. — *Voyez* DE LA ROU-
   VRAY DE BRESSAULT.
DE BEAUMONT.
DE BEAUSSE DE TERLAND.
DE BECQUEY.
DE LA BÉDOYÈRE-ANCIEN. — *Voyez* HU-
   CHET.
DE BELLOMAN.
DE BERDOLLES DE GOUDOURVILLE.
DE BERNARD.
BERRY.
* BERTIE (Ducs d'Ancaster). — *Voyez*
   POULETT.
* DE BÉSILLES DE WEST-ALLINGTON.
BESNARD.
BESNART DE RESAY. — *Voyez* DE TURIN.
BEUILLE.
BIGER. — *Voyez* LE QUERRÉ.
BIGOT DE LA MÉNARDIÈRE.

DE LA BINTINNAIS. — *Voyez* DE PLOUAYS.
DE BIRÉ DE CORAH.
BOMER.
* BOHUN. — *Voyez* HÉLE DE GNATON et
   WREY.
DU BOIS GLÉ.
DU BOIS-GUÉHEUNEUC.
DE BOISJOURDAN.
BOISNARD DE LA HANNETIÈRE.
DE BOISSERAND.
DE BON.
DE BONNECASE.
DE BONNIER. — *Voyez* DE HERRELIN.
DE LA BORDE.
BOUER DE MASSEILLE.
BOUESSEL DE SAINT-BÉDAN.
DE LA BOUEXIÈRE.
DE LA BOUEXIÈRE DU TERTRE.
DE BOUILLON-JÉRUSALEM — *Voyez* AL-
   LEAUME.
DE BOULAINVILLIERS. — *Voyez* GALLET.
DE BOULLEMER DE BRESTEAU.
* BOURCHIER. — *Voyez* WREY.
DE LA BOURDONNAYE. *Voyez* DE LA
   BOUEXIÈRE DU TERTRE.
DE BOURGON.
BOUTON DE LA BEAUGISSIÈRE.
DE BRÉMONT DE BALANZAC.
BRIÇONNET.
DE LA BRIFFE.
BRILLET. — *Voyez* LUETTE.
BRISSET.
DE BROC. — *Voyez* DE PONTLEVOY.
* BROMLEY.
DE BROSSARD.
DE LA BRUNE.
* DE BRUNET-PUJOLS-CASTELPERS-PANAT
   DE VILLENEUVE-LÉVIS.
BUDES. — *Voyez* HOUST DE LA PREUILLE.
DU BOULAY, ou BUTET.

C.

DE CAHUSAC.
DE CAIGNON.
DE CAMBRAY.
DE CAMPAN DE SARROS.
CAOUEN.
DE CARDAILLAC. — *Voyez* DU FAURE DE
    PIBRAC.
* CARDON DE GARCIGNIES. — *Voyez* DE
    FONTAINE DE BIRÉ.
* CARY.
DE LA CASE.
DE CASTAING DU MIRAIL.
DE CASTELPERS. — *Voyez* DE BRUNET.
* DE CATELLAN DE CAUMONT.
DE CATTEY.
DE CHABOT.
DE CHABOT. — *Voyez* LE VAYER.
CHALMEL DES MOULINS.
CHAMBELLAN. — *Voyez* GASSAULT.
DE CHAMPLAIS.
CHANSON.
DE CHANTEPRIME. — *Voyez* MERCADÉ.
DE LA CHAPELLE-RAINSOIN. — *Voyez* DE
    LA ROUVRAYE.
CHARGÉ.
DE CHASTEIGNIER.
CHAUVEAU DE KERNAËRET.
DE CHAVIGNY. — *Voyez* GRAVIER DE VER-
    GENNES.
DE CHAUVIGNY DE BLOT.
CHENU DE SAINT-PHILIBERT.
DE CHÉVERNES.
CHOLLET DE LA BIRAUDIÈRE.
* CHOLWICH.
DE LA CLAU.
LE CLERC DE JUIGNÉ.
DE CLISSON.
COCHON DE LA COMBE et DE L'APPARENT.
DE COETLOGON.
COMPAING. — *Voyez* ALLEAUME.
LE COMTE, ou LE CONTE.
DU CONSEIL.
CONSTANTINEAU.
* COPLESTON. — *Voyez* BAMPFYLDE.
* DE COQUEBORNE, ou COCKBURN.
DE COQUET DE SAINT-LARY.
* CORBET.
DE LA CORBIÈRE DE LA MORTELESNE.
DE LA CORBIÈRE DE LA MARTINIÈRE.
CORNEILLE. — *Voyez* MAUFRAS DU CHAS-
    TELIER.
DE CORNET.
COTTIN DE VATTIÈRES.
DE COUASNON.
COUÉDOR.
COURAULT.
DE COURSILLON-DANGEAU. — *Voyez* DE
    LA ROUVRAYE.
* DE COURTENAY. — *Voyez* HÉLE DE
    GNATON.
LE COUTEULX. — *Voyez* DE VIN.
COZIC DE KERBOUHON-MESMEUR.

* CRAWLEY.
CRESSON DE LA CRESSONNIÈRE, ou LA
    CRESSONNIÈRE-ANCIEN.
* CRISPIN DE WOLLESTON.
CRUGER.
CRUDLEAU DE MAIGNON.
DE CULANT.
DE CULANT DE CIRÉ.
DE CULON.

D.

* DAMARELL.
DANIEL DE KERSAUX. — *Voyez* LE TRAON
    DE BELLAY.
LE DÉAN.
DEL-PUECH, ou DU PUY.
* DEXMIER, depuis D'ESMIER.
DE DOLLÉ. — *Voyez* D'ESCOUBLEAU DE
    SOURDIS.
* DE DOMINGON. — *Voyez* DE LA CASE.
DOUAT DE LA COLONILLA.
DRUZ.
DUFFOUR DE BARTE.
* DURAND DE DIESTROFF. — *Voyez* DE
    LA SALLE.
DURIOT DE LA ROUSSIÈRE.

E.

D'EIMAR DE PALAMINI.
* ELSEFELD.
L'ENFANT DE PATRIÈRE.
D'ESCOUBLEAU DE SOURDIS.
D'ESPIAU DE LA MAUZE.
D'ESPONS, ou DESPONS.
D'ESTAMPES.
ESTEVART DE LA GRANGE.
ÉVEN DE LA MANDARDIÈRE.

F.

DU FAUR DE LANGESSE et DE PIBRAC.
DE FAUVILLE, ou DE FOVILLE.
DE FAUVILLE. — *Voyez* aussi DE BAS-
    TARD DE LA FITTE, et DE BASTARD DE
    VIDALOT.
LE FÈVRE.
DE FINIELS DE BONREPOS.
* FITZ-STÉPHEN DE NORTON.
DE FLOURVILLE DE LA SEUZE.
DE FOISSIN DE SALLES.
DE FOLD, ou FOL.
DE FONTAINE DE BIRÉ.
LA FONTAINE DE TRÉAUDET. — *Voyez*
    LE GRIS DU VAL, en Bretagne.
DE LA FOREST DU BOIS-PÉTRIAU.
DE FORGET DE FRESNE. — *Voyez* DE TU-
    RIN.
* FORTESCUE DE FALLAPIT.
DE FORTIA. — *Voyez* DE TURIN.
FOUCHARD.
FRADET.
DE FRANCE (Maison royale). — *Voyez*
    WREY.

G.

GABARD. — *Voyez* GOURDEAU.
DE GADAGNE. — *Voyez* DE GRIVEL.
DE GALLARD DE LISLE.
GALLET DE SAINT-GERMAIN-DES-BOIS.
LE GALLIC DE KÉRISOUET. — *Voyez*
    GUYESSE.
DE GARREAU.
LE GASCOING. — *Voyez* BOUESSEL.
DE GASCQ.
GASSAULT.
GASTAUD.
* GATTINARA, ou DE GATTINAIRE.
GAUQUELIN DE DOBERT.
GAUTHIER. — *Voyez* BOISNARD.
GAZEAU DES FONTAINES.
DU GENEST.
DE GENNES.
* GILBERT DE COMPTON-CASTLE.
GILLARD DE KERENFLEC. — *Voyez* DE
    KÉRANGAL.
* GIRARD DE LA ROUSSIÈRE et DES ÉCHAR-
    DIÈRES.
GIBBON. — *Voyez* DE KERNAFLEN.
DE GIROIS. — *Voyez* DE NOUAULT.
* GLANVILLE. — *Voyez* HÉLE DE GNA-
    TON.
GORIN DE FONTENAILLES et D'ÉCOMMOY.
DE GOUDIN.
GOUESNON. — *Voyez* CORBET.
GOURDEAU D'AISENAY.
GOURO DE LIVOIS.
LE GOUST.
DE GOUT, ou DE GOTD. — *Voyez* DE RE-
    DON.
LE GRAND.
LE GRAND DE BEAUMONT.
LA GRANGE D'ARQUIEN. — *Voyez* COTIN
    DE VATTIÈRES.
GRAVIER DE VERGENNES.
DES GUÉES DE LESSÉ. — *Voyez* LE MÉ-
    LOREL.
GRIGNON. — *Voyez* BIGOT DE LA MÉNAR-
    DIÈRE.
* GRIMALDI.
LE GRIS DU VAL (Normandie et Breta-
    gne).
LE GRIS DU VAL (Bretagne).
DE GRIVEL DE GROSSOVIS.
DE GRUGELIN. — *Voyez* DE LA MOTTE-
    FOUQUÉ.
* GRYLLS.
LE GUÉ DE LA GUIGNARDIÈRE.
GUÉRET.
DE GUÉRIN DE POISIEUX.
DE GUÉROULT DE BONNIÈRES. — *Voyez*
    GALLET.
DES GUERRES (Berri).
DES GUERRES (Nivernais).
GUESDON DE KERMOISAN. — *Voyez* DE
    LEISSÉGUES.
GUESNON. — *Voyez* LANGLOIS.
GUYESSE.

GUYNÉ, ou GUINÉ.
GUYOT.

H.

* HAGAR.
DE HARDOUIN DE LA GIROUARDIÈRE.
* HARLEY, ducs D'OXFORT. — *Voyez* RODNEY.
* HARRIS DE HAIN.
* HAVART DE ROSIÈRES.
DE LA HAYE DE LA CHAUSSONNIÈRE.
* HÈLE DE GNATON.
* HÉLYES DE LA ROCHE-ESNARD.
DE HERBELIN DU PARC.
HÉRON. — *Voyez* MOREAU.
DE L'HÔPITAL DE GIVRÉ.
HOULYER.
HOUST DE LA PREUILLE.
HUCHET DE LA BÉDOYÈRE et DE RÉDILLAC.
HUDELOR-KERBIQUET.
HUDELOR-KERBIQUET. — *Voyez* aussi DE BASTARD DE VILLENEUVE et DE BEAULAC.
HUDELOR DU PLESSIS.
HUDELOR. — *Voyez* SERVOT.
HORTENSE DU PORTAL.

I.

* D'IGNY DE RISAUCOURT.

J.

DE JANAILHAC.
DE JEAN.
JOLY.
JOUBERT DE LA CRESSINIÈRE.
JOUBIER.
DE JOUSSEAUME. — *Voyez* BOUTON.
JOUYNEAU DE L'HERCULE.

K.

* KER. — *Voyez* SEYMER.
DE KERAMBOURENT.
DE KERANGAL, ou DE QUÉRANGAL DE KÉRASCOET.
DE KERBIQUET-ANCIEN. — *Voyez* HUDELOR.
DE KERBIQUET-ANCIEN. — *Voyez* SERVOT.
KERDRÉACH.
DE KERNAFLEN DE KERGOS.
* KILLIOVE DE DECOLOE.

L.

LAMBERT DE LONGERIL.
DE LAMOIGNON.
LAMOUR DE LANGEGU.
DE LA LANDE.
DE LANGLOIS DE BOURGUAY.
LANGLOIX.

DE LARRIEU.
* DE LARY DE LA TOUR.
DE LAUNAY DE BELLUÈRE et DE CHENERU.
DE LAÜZIT.
LÉBÉ.
DE LEISSÈGUES DE ROZAVEN.
LESCHASSIER DE MÉRY. — *Voyez* DE RICHER DE MONTHÉARD.
DE LESCOUBLE DE LA GOURAIS.
LESCUYER.
DE LEUZE DE SAINT-DÉSÉRY (Languedoc).
DE LEUZE DE SAINT-DÉSÉRY (Maine).
DE LÉVIS. — *Voyez* DE BRUNET.
* LEY.
DE LIMESLE DE LA BOUVRAYE.
LIMOUSIN, ou LIMOSIN, DE SAULX.
LIMOUSIN DE BOUILDROUX.
* DE LISLE.
DE LA LOÉ.
* LOFTUS.
DE LONGUEIL. — *Voyez* DE CHAMPLAIS.
DE LORME.
DE LORT DE CABANAC.
DE LORT DE SÉRIGNAN.
DE LOUDÈS DE LA GASTEVINE.
LA LOUETTE.
DE LOUSTEAU.
DE LOYNES.
DE LUCAS.
LUETTE DE LA HAYE-CHENEL ET DE LA PILORGERIE.

M.

MACÉ. — *Voyez* DE ROLAND DU COUDRAY.
* MAGENDIE. — *Voyez* POWNOLL.
MAHAUT, ou MAHAULT.
* DE MAISTRE DE LA PAPINIÈRE.
DU MANS.
* DE MARAS.
DE MARGOET.
* MARKE DE LISKARD.
DE MARQUEZ.
* MARTIN.
MARTIN DE MARTINFORT. — *Voyez* DE LA SALLE.
MARTIN DE LA NEYRAUDIÈRE.
DE LA MARTINIÈRE. — *Voyez* DE LA CORBIÈRE.
DE MATHÉFÉLON. — *Voyez* DE LA MOTTE-FOUQUÉ.
MAUFRAS DU CHASTELIER.
DU MAY. — *Voyez* D'ANDRÉ DE LA FITTE.
DE LA MAZELIÈRE.
MELIN. — *Voyez* DE VIN DE BELLEVILLÉ.
DE MELLIS.
LE MÉLOREL DE LA BINTINNAIS et DE LA HAICHOIS.
DE MELUN-ESPINOY. — *Voyez* D'ESCOUBLEAU DE SOURDIS.

DE MELUN-ESPINOY. — *Voyez* DE LA ROUVRAYE.
DE MÉRAT DE SAINT-LUC, ou LE MAIRAT.
MERCADÉE, ou MARCADÉ.
DES MERLIERS DE LONGUEVILLE.
* MERLIN.
MESCHIN.
MODURIER.
MOIREAU DE LA MAISON-NEUVE.
DE MONDOT. — *Voyez* DE MONTREUIL.
DE MONS D'ARDENNES (Périgord).
DE MONS D'ARDENNES (Guienne).
DE MONTECLERC. — *Voyez* DE SÉGRAIS.
DE MONTFAUCON. — *Voyez* DE LA MOTTE-FOUQUÉ.
DE MONTI. — *Voyez* DE PIOGER.
DE MONTREUIL, ou DE MONTREUL DE LA CHAUX.
DE MONTSOREAU. — *Voyez* DE PÉRUSSE DES CARS.
MOREAU.
MOREAU DE LA PERRINE.
MORELON.
MORIN.
* DE LA MOTTE-FOUQUÉ.
DU MOUSTIER.
MYGET.

N.

DE NEPVEU.
DE NEYRAC, ou DE NÉRAC.
DE NOAILLAN DE LAMEZAN. — *Voyez* DE BON.
DE NOGEROLLES DE LA MOTTE.
DE NOUAULT DE KIMER.
DE NOYAN, ou DE NOYAU.

O.

OCIER.
D'ORLÉANS.

P.

LE PAIGE. — *Voyez* DE LA HAYE.
DE PANAT-ANCIEN. — *Voyez* DE BRUNET.
PARIS DE SOULANGE.
* PARK.
DE PARSEVAL.
PASQUIER DE MOYRÉ.
PASTOUREAU.
LE PÈLERIN-SUR-LOIRE.
LE PELETIER.
PELLORDE DE COULOGNE.
PELLORDE DE CROSSES et DE LA VOUTE.
PELLORDE DE LA MONNAIE.
PELOURDE. — *Voyez* PELLORDE.
PELOUSSEL.
DE PERCIN DE LAURET et DE LILLANGES.
DE PÉRÈS.
DU PERRIER.
DE PÉRUSSE DES CARS.
DU PESCHIN.

PICAUD DE MORFOUACE. — *Voyez* DE POULPIQUET DU HALGOUET.

PICAUD DE LA POMMERAYE. — *Voyez* DE ROLAND DE RENGERVÉ.

DE PINEY.

DE PIOGER.

* DE PLANTAGENET (Maison royale). — *Voyez* WREY.

DE PLEIX. — *Voyez* DE LAMOIGNON.

DE PLOBAYS DE ROUGUEUL.

DE PLOUER DE LA CHOPINIÈRE.

DU PLOYER DE LA BARESTE.

DE POISSON.

* POLLEXFEN DE KITLEY.

DE POMARÈDE.

DE PONTLEVOY DU PETIT-CHATEAU.

DE PORCARO.

DE LA PORTE.

POT DE FUSSY.

* POULETT.

DE POULPIQUET DU HALGOUET.

POWER Y ECHABARRY. — *Voyez* DOUAT DE LA COLONILLA.

POWNOLL DE SHARPHAM.

DU PRAT.

DU PRÉ.

LA PREUILLE (ancien). — *Voyez* HOUST DE LA PREUILLE.

LE PRÉVOST DE KÉRAMBASTAUD.

PRIDEAUX. — *Voyez* FORTESCUE DE FALLAPIT.

PRICMANIER.

PROUHET DE KERAMBOURG.

DU PUY-PALMIER.

Q.

LE QUERRÉ.

R.

* RADCLYFFE DE WARLECH-HOUSE.

DE RAYMOND.

DE RAZÈS.

DE RÉBÉSIES DE LA ROUQUETTE.

DE RÉDON.

RÉGNAUDIN.

DE REICZACT.

DE REY.

* REYNELL DE MALSTON.

* RICARDO.

RICHER, OU RICHIER DE LA CONTARDIÈRE.

DE RICHER DE MONTHÉARD.

RIOU.

DE LA RIVIÈRE,

ROBINAULT DE LA MOLLIÈRE.

DE LA ROCHEBEAUCOURT. — *Voyez* DE CULANT DE CIRÉ.

DE ROCHECHOUART-MORTEMART. — *Voyez* DE CULANT DE CIRÉ.

DE ROCHEDRAGON. — *Voyez* DE ROLAND DU COUDRAYE.

DE LA ROCHEFOUCAULT. — *Voyez* BIGOT DE LA MÉNARDIÈRE.

DE RODIER DU PUECU.

* RODNEY.

ROGIER DU CRÉVI.

ROGON. — *Voyez* GOURO DE LIVOIS.

DE ROLAND.

DE ROLAND DU COUDRAY.

DE ROLAND DE NIZEROLLES.

DE ROLAND DE RENGERVÉ.

ROQUE DE LA MAUDIÈRE.

DE ROSTAING. — *Voyez* D'ESCOUBLEAU DE SOURDIS.

ROUILLÉ.

DE LA ROUVRAYE DE BRESSAULT.

LE ROUX.

LE ROUX DES AUBIERS. — *Voyez* D'ALOIGNY.

LE ROY DE SAINT-FLORENT.

LE ROY DE VILLENEUVE.

S.

LE SAGE DE PEYRAUBE.

DE SAINTE-MAURE. — *Voyez* DE LA MOTTE-FOUQUÉ.

DE SAINT-RÉMY.

* DE LA SALLE DE PUEICHE et DE VILLAUVAL.

DE SALLES. — *Voyez* DE FOISSIN.

DE SARTA DE LOSLAGNES.

DE SAVONNIÈRES.

DE SEGRAIS DE HAUTBAIGNEUX.

SERVOT, OU SERVAUDE DE KERBIQUET.

* SEYMER.

DE SOURCHES. — *Voyez* DE PÉRUSSE DES CARS.

* STOFFORD, OU STAFFORD.

DE SURREL DE CHATEAUNEUF.

T.

DE LA TANNERIE.

LE TANNEUX DE SAINTE-FOY.

LE TAUT, OU DU TAUX.

THIBAULT DE LA CARTE.

THOUMEYREAU, OU TABOUREAU.

TOUPPEI, OU TOUPPET.

DE TOURZEL. — *Voyez* DE PÉRUSSE DES CARS.

* TOWNSHEND. — *Voyez* LOFTUS.

DE TRACONNET. — *Voyez* DE GOUDIN.

LE TRAON DE BELLAY.

DE TRÉDERN. — *Voyez* CHAUVEAU DE KERNAÉRET.

DE TRÉMAUDAN.

TRÉUMEL.

DE TROUSSEBOIS. — *Voyez* DE LAMOIGNON.

DE TURIN.

U.

URVOY DE CLOSMADEUC. — *Voyez* BOUESSEL.

V.

VACHEREAU DES CHENETS.

DE VACQUIER DE LA TUDE.

DE LA VALETTE DE LA GRUÉE.

LE VAYER DE FONTENAY.

VÉZINET.

VIAULT DE BÉGROLLES et DE BRECILLAC.

VIGIER.

DE VILLARS.

DE VILLATE.

DE VILLIERS.

DE VIX DE BELLEVILLE et DE MALIGNY.

DE VULCOL.

W.

* WADE DE NEW-GRANGE.

* WALDEGRAVE DE CHEWTON.

* WORSLEY.

* WREY.

www.ingramcontent.com/pod-product-compliance
Lightning Source LLC
Chambersburg PA
CBHW061324060726

47596CB00003B/1063